U0590357

展现科技发展辉煌成就　讴歌自主创新中国力量

丛书总主编
倪光南

神州脉动
能源革命改变中国

胡森林 林益楷 林火灿 著

人民邮电出版社
北 京

图书在版编目（CIP）数据

神州脉动：能源革命改变中国 / 胡森林，林益楷，
林火灿著. -- 北京：人民邮电出版社，2019.9（2024.3重印）
（科技改变中国）
ISBN 978-7-115-51859-0

Ⅰ. ①神… Ⅱ. ①胡… ②林… ③林… Ⅲ. ①能源发
展－研究－中国 Ⅳ. ①F426.2

中国版本图书馆CIP数据核字(2019)第171675号

内 容 提 要

新中国成立 70 年来，我国的能源行业取得了举世瞩目的成就，为经济社会发展和人们的生产生活提供了动力保障。进入新时代，我国的能源行业要走新型的发展道路，以满足建设生态文明、打造美丽中国的需求。

本书立足于我国能源行业发展的现状和使命，从过去、现在和未来 3 个时间维度，全景扫描石油、天然气、煤炭、电力以及可再生能源等领域，深度分析我国能源革命的趋势、瓶颈及未来前景。

本书作者长期研究、追踪能源行业的变革，在行文中追求思想性、专业性和可读性的统一，夹叙夹议，见物见事见人，让读者品味能源故事、了解能源经济，旨在引发全社会对能源安全的关注、对能源转型的关心和对能源科技的关切。

◆　　著　胡森林　林益楷　林火灿
　　　　责任编辑　韦　毅
　　　　责任印制　陈　犇

◆　人民邮电出版社出版发行　北京市丰台区成寿寺路11号
　邮编　100164　电子邮件　315@ptpress.com.cn
　网址　http://www.ptpress.com.cn
　固安县铭成印刷有限公司印刷

◆　开本：720×960　1/16
　印张：12.75　　　　　　　　　2019年9月第1版
　字数：204千字　　　　　　　 2024年3月河北第2次印刷

定价：69.00 元

读者服务热线：(010)81055552　印装质量热线：(010)81055316
反盗版热线：(010)81055315
广告经营许可证：京东市监广登字20170147号

"科技改变中国"丛书

编委会

"科技改变中国"丛书

总策划

顾　翀　张立科

人民邮电出版社有限公司

杭州电子科技大学融媒体与主题出版研究院

联合组编

编辑工作委员会

主　任

张立科　韩建民

副主任

王　威　李　际

委　员

刘玉一　韦　毅　贺瑞君　刘盛平　梁海滨　易东山

李海涛　刘　劲　张康印　贾安坤　吴大伟　陈万寿

王维民　哈宏疆　杨海玲　邓昱洲　林舒媛　袁慧茹

赵祥妮　王玉琦　王丽丽　高　阳

对能源行业的人士来说，2016 年《巴黎协定》的签署是一个大家都十分关注的大事件。该协定的签订标志着绿色低碳发展已经成为人类的普遍共识，也意味着全球能源行业需要加速转型以适应这一进程。新一轮能源大转型的序幕正徐徐拉开。

与煤炭替代薪柴、油气替代煤炭的两次能源转型相比，当前人类正在经历的第三次能源转型具有哪些显著特征呢？我认为有以下 3 个尤其值得关注的特征。

首先是去碳化。 在《巴黎协定》对碳预算强约束的背景下，全球能源消费越来越呈现出去碳化的特征。风能和太阳能等"零碳能源"规模快速扩大，将日渐成为未来的主流能源。截至 2017 年底，全球可再生能源累计总装机容量达 2195 吉瓦，约占全球总发电装机容量的 30%；可再生能源发电量达 6.21 万亿千瓦时，占全球电力生产量的比例为 26.5%。在欧洲的部分国家，非水电可再生能源发电量占总发电量的比例达到 30% ~ 50%，甚至可以满足 100% 瞬时用电需求。根据彭博新能源财经的预测，到 2050 年，风电和太阳能发电的规模将占全球发电规模的 50% 以上。

其次是去中心化。 新一轮能源转型中，全球能源供给方式将逐步从过去的以集中式供给为主，过渡到与太阳能、风能、生物质能等分布式能源相结合。综合能源服务的新业态正在全球各地蓬勃兴起，这必将带来能源生产和消费模式的重大调整。

最后是数字化。新一轮能源转型恰逢数字化浪潮席卷全球，以"云大物移智"（云计算、大数据、物联网、移动互联网、人工智能）为代表的数字化技术创新，正给能源行业的发展带来颠覆性的变革。近年来，"数字油田""数字风场""智能电网""泛在电力物联网"等能源领域的数字化实践层出不穷，正极大地改变着能源生产和消费生态。

在新一轮全球能源转型的大潮中，我国是积极的参与者和推动者。我国政府是《巴黎协定》的坚定践行者，近年来通过大力推动能源生产和消费革命，为加速全球能源转型做出了重要贡献。例如，我国已成为全球最大的风能和太阳能电力生产国，以及全球电动汽车保有量最高的国家；我国用十几年时间走过了西方 30 年的成品油质量升级历程；天然气被我国确立为主体能源之一，过去两年的消费增速均超过 15%，展现出惊人的"中国速度"。近年来我国整体能源环境和质量的好转与政府采取的举措是分不开的。

看到成绩的同时，我们也要清醒地认识到，能源转型是一个长期而渐进的过程，尤其是我国作为一个后发国家，能源转型面临着更加艰巨的挑战。例如，2018 年，我国经济总量占世界经济总量的 15.9%，但能源消费总量却占世界能源消费总量的 24%，消费方式相对粗放，且未来能源消费仍将保持增长态势，更多的能源消费与更低的碳排放量的矛盾将日益凸显。此外，"一煤独大"的能源消费结构短期内很难改变。日益攀升的油气对外依存度也将给国家能源安全带来很大的风险。

未来我国该如何走出一条具有特色的能源转型之路？我认为，我国需要通过大力推进能源的减量革命、增量革命和效率革命，探索出一条油气替代、可再生能源替代与能效提升齐头并进的能源转型之路，根本目标是为人民群众提供更加稳定、绿色、经济、便捷的高质量能源服务。这其中，以下

4 个方面的转型措施尤为重要。

第一，大力推进煤炭清洁化利用。当前全球多个国家正在推进彻底的"去煤化"运动，但我国独特的资源禀赋决定了煤炭在相当长时间内仍将是我国的主体能源之一。在煤炭短期内无法退出历史舞台的情况下，实现煤炭全产业链的清洁高效开发利用，包括推进煤矿的清洁高效开发、煤电的"近零碳排放"（未来还要考虑通过 CCS[①] 技术进行碳捕集）、发展特色煤化工技术等，尤为关键。而在华北等雾霾严重的地区，大幅减少散煤的使用更是当务之急。

第二，加大国内油气勘探开发力度。我国石油和天然气的一次能源消费占比仅为 25% 左右，远低于欧美发达国家的水平。油气，特别是天然气，作为相对优质、低碳、高效的能源，在我国仍有较大的发展空间。面对我国油气对外依存度攀升的严峻形势，我们一方面要加大资金的投入力度，推动油气勘探从陆上走向海上、从常规走向非常规、从中浅层走向深层，着力增加本土油气供应量；另一方面，我们也要强化国际合作，鼓励我国的石油公司到海外进行油气勘探开发，将权益油气运回国内使用；同时应采取加大油气资源储备、加快石油天然气交易中心建设等多种方式，确保油气的稳定供应。

第三，大力发展可再生能源。尽管我国风能、太阳能发电装机规模已是全球第一，但累计发电量占全国电力消费的比例还不到 8%。中国电力企业联合会预测，到 2050 年，风能、太阳能等可再生能源电力在我国电力体系中占主导地位是极有可能实现的。另外，我国生物质资源可转换为能源的潜力约为 4.6 亿吨标准煤[②]，而目前利用量仅为 2200 万吨标准煤，待开发利用的潜力同

---

① Carbon Capture and Storage，碳捕集与封存，即从大型、稳定的二氧化碳排放源中分离、收集二氧化碳，并用各种方法储存起来，以减少其向大气排放的技术。

② 标准煤是指经过国家专门机构认可的，具有高度均匀性、良好稳定性和准确量值的煤样。

样巨大。

第四，高度关注能效提升。能效提升被普遍认为是"第一能源"。有些欧洲国家，如丹麦，通过推广热电联产、第四代区域供热等技术创新，大幅提升能效，已基本实现经济增长与能源消费的脱钩。目前，我国的能源生产和消费模式还相对粗放，单位标准油③创造的国内生产总值（Gross Domestic Product，GDP）仅为美国、德国和日本的 50% 左右，提升能效的潜力巨大。有关机构预计，通过提升能效，我国完全有可能在同等能源消费规模下实现 GDP 的翻倍。

我国的能源转型是一项史无前例的巨大工程，与每一个中国人都息息相关，不仅需要政府和企业界投入力量，所有中国人都应是这场大转型的见证者、参与者和推动者。近期收到胡森林先生等人新著的《神州脉动：能源革命改变中国》书稿，读完之后感觉亮点颇多。这本书对我国能源行业发展的过去、现在和未来进行了深入思考，讨论的范围涵盖了煤炭、油气和电力等多个领域。全书视野宏阔，结构清晰，行文生动，既是一部具有专业眼光的新著作，也是一部具有较强可读性的通俗读物，相信对国人了解我国能源转型进程具有较大的帮助，也将为致力于推进我国能源转型的各界人士提供有益的借鉴。

作者希望我写一篇序言，我结合自己对能源发展的一些想法，谈了如上的观点，是以为序。

中国工程院院士

2019 年 6 月于北京

---

③ 单位标准油是指 1 千克油当量的热值，即 42.62 兆焦（MJ）。

对"能源之变"的观察与描述

2019 年，新中国成立 70 周年，就在这一年，我国掀起勘探开发国内油气的热潮，"四个革命、一个合作"能源安全新战略正在深入推进，新能源发展方兴未艾……与此同时，国际能源市场也是风云变幻，地缘政治、技术革命、气候变化带来的市场反应让人目不暇接。

党的十九大报告指出，要"构建市场导向的绿色技术创新体系，发展绿色金融，壮大节能环保产业、清洁生产产业、清洁能源产业。推进能源生产和消费革命，构建清洁低碳、安全高效的能源体系"。这为新时代能源行业的发展指明了方向，提出了更高要求。当前，能源革命已经拉开大幕，成为能源发展的主旋律，深刻地改变着行业，改变着经济，也改变着每个人周遭的很多事物。

能源是现代社会经济发展的支柱，是重要的工业原材料和动力来源，也是大宗的国际贸易商品。经济的发展离不开能源，每个行业的发展离不开能源，每个人的生活也都离不开能源。但是长期以来，大众对能源所知不多、所知不深，甚至还有很多误解。从能源行业自身来说，确实需要从业者更多地讲述自己，搭建与公众沟通的桥梁。"科技改变中国"这一主题出版项目正好提供了极为难得的机会。

本书的主题是"能源革命改变中国"，它包含了两个方面的含义：其一，能源曾经改变了什么；其二，能源革命将会改变什么。

　　能源带来的改变是显而易见的。我们翻阅任何一本能源史志、成就册，都不难发现，过去几十年，能源行业通过自身的发展，为经济输入动力，为工业提供"血液"，改变了我国的经济面貌和国家地位，改变了工业经济的整体实力，改变了社会的生产力水平。在社会经济层面，能源主要为工业、交通、电力等领域提供原材料、动力和燃料。同时，在日常生活层面，利用石油、天然气等重要的中间原料，产出了合成纤维、涂料、塑料等化工产品，也给我们带来了便利和富足。当然，不能否认的是，由于我国的能源资源禀赋相对不足，能效水平依然低下，产业结构总体偏重，在经济快速发展的过程中浪费了大量的能源，粗放和不科学的能源使用方式带来了大量的环境污染问题。

　　我国经济社会发展依然需要大量的能源供应来保障，而人们对美好生活的向往也必然包含对更好的环境的期盼。这就需要在继续大力发展能源行业的同时，提高能源资源的使用效率，减少因不当使用能源资源对环境所产生的负外部性影响。"能源革命将会改变什么"这个问题的答案就是通过能源革命建立新的能源体系，提升能效，改变环境，进而改变产业经济的面貌，改变人们的生活。而这一切，都在直接或间接地改变着中国。

　　可以说，能源过去改变了中国、现在改变着中国、将来还会继续改变中国。而究其根本，在于我国本身也在改变，人们对能源的认识在改变，人们的观念在更新，产业水平在提升。从总体上来说，改革开放以来，我国能源产业最大的改变，是从过去以满足供应为主，转变到追求结构优化、产业升级和技术进步，从此进入高质量的发展阶段。

　　"能源之变"的产生和形成，是能源发展因应社会发展而变化的过程，是能源与社会互动的必然结果，它似乎是在不知不觉中发生的，但又无时无刻不在进行。这就是我们对于"能源革命改变中国"这一命题内涵的理解，也是本书主标题定为"神州脉动"的含义之所在。

写作本书时让人为难的是，能源行业具有庞大的体系，内容浩繁，门类众多，70 年的发展历程波澜壮阔，发展成就灿烂辉煌，远远不是一两百页的一本书所能容纳的。本书的定位并不是一部完整的能源发展史，或者系统的能源知识介绍，而是面向大众读者的一本能源"深科普"读物，所以我们只选取能源行业发展中的大事件、重要节点、突出特点、标志性成果和重要趋势加以讲述，聚焦主题，对众多的素材加以取舍，勾勒新中国成立特别是改革开放以来能源发展的基本轨迹，展望能源行业通过高质量发展通往未来的图景，从中反映我国能源发展的大致进程，让读者对能源行业有一个结构性的认识与把握。

本书共 14 章，分为"为中国经济贡献光和热""向高质量转型""通往美丽中国" 3 个部分，看起来有一种时间的逻辑在其中，大致对应我国能源行业发展的过去、现在和未来。但需要说明的是，全书并未完全采用线性的时间逻辑，而更像是一个个相对独立的专题，每章所涉内容根据内容叙述的需要，会在时间上有适当的前后延伸，但总体上又能从中看出能源行业的演进。同时，本书以国际相关情况作为背景知识或者内容参照，聚焦于我国能源的发展情况。

本书由 3 位作者合作完成，其中第一、四、七、十三、十四章和结语由胡森林撰写，第五、八、十一、十二章由林益楷撰写，第二、三、六、九、十章由林火灿撰写，胡森林承担了书稿的思路拟定、框架设计、总体统筹和后期统稿工作。在写作时，我们希望做到这样几点：以思想性作为基础，力求揭示能源革命的真实逻辑、路径、本质、规律与趋势，给人以思维的启迪；

以专业性作为保障，把握行业发展的主线和核心内容，使用权威资料，对相关问题有专业的判断和分析；以可读性作为追求，对专业内容做适当的大众化的"转译"，使之符合一般读者的阅读期待，见物见事见人，夹叙夹议，总体写意，局部工笔，在内容组织、语言风格、形式要素和行文节奏上下功夫，尽量做到让本书通俗易读，拉近读者与能源行业的距离。

本书是"科技改变中国"这一主题出版项目中的一本，关于科技，这里还想多说两句。能源行业的发展与科技密切相关，这既是对技术很敏感的行业，又是科技成果的高产区，在科技方面有巨大的需求和潜力。过去几十年，能源行业走过了一条学习西方、引进消化吸收再创新的道路，这也是我国科技发展的一个缩影。经过几十年的努力，我国能源行业很多领域的常规技术现在已达到世界同等水平，但核心技术还有待突破，一些技术和装备依然受制于人，需要引起高度关注。随着技术变革带来的能源变革和产业变革，未来能源行业的竞争力将主要依赖于技术进步和创新突破，这也是我国需要大力发展和加强的方面。在一些关键技术领域，中国不能缺席，只有突破关键技术壁垒才能为提升能源行业未来的竞争力打下基础。

我们期望这本书能引起大家对能源安全的关注、对能源转型的关心和对能源科技的关切，这些事情看似离我们很遥远，但归根结底与每个人息息相关，需要更多的人了解、支持、参与和推动能源行业的变革，这也是涉及整个社会能源素养的重要部分。

以上所述就是作者承担这一写作任务的初衷，以及在一开始想说的一些话。

第一部分
为中国经济贡献光和热

002　第一章　60 岁的大庆油田

002　引子

003　1.1　被改变的历史

006　1.2　一个闪光的名字

011　1.3　不断延续的青春

013　1.4　凤凰涅槃

015　本章参考文献

016　第二章　电力点亮中国

016　引子

017　2.1　从"无电生活"起步

022　2.2　多元电力格局

026　2.3　向改革要"电力"

029　2.4　重大电力工程结硕果

032　本章参考文献

033　第三章　负重的煤炭

033　引子

034　3.1　不能抹杀的功绩

036　3.2　粗放发展

038　3.3　自我革新

041　3.4　说"再见"为时尚早

043　本章参考文献

第二部分
向高质量转型

045　第四章　能源生产和消费革命

045　引子

046　4.1　其命维新

048　4.2　"第三条道路"

051 4.3 加法、减法与乘法

052 4.4 战略路线图

054 4.5 "一带一路"新机遇

056 本章参考文献

057 第五章 与时间赛跑的油气

057 引子

058 5.1 对外依存度之忧

062 5.2 石油消费峰值何时到来

064 5.3 中国"页岩气革命"能否诞生

067 本章参考文献

068 第六章 解放"第一生产力"

068 引子

069 6.1 国产化的机遇与挑战

073 6.2 重大工程助推装备发展

077　6.3　技术突破带动产业发展

080　6.4　加快释放"第一生产力"

082　本章参考文献

083　第七章　能效是最大的能源

083　引子

085　7.1　看不见的"革命"

086　7.2　能效"富矿"

088　7.3　效率竞争力

090　7.4　珍惜用好"能效红利"

094　本章参考文献

095　第八章　炼化转型升级之路

095　引子

096　8.1　摘下"五朵金花"

099　8.2　"大炼油"横空出世

101　8.3　零售终端"硝烟"燃起

104　8.4　走向世界

106　本章参考文献

第三部分
通往美丽中国

108　第九章　天然气的希望之光

108　引子

110　9.1　天然气为何受热捧

114　9.2　管网建设提速

116　9.3　不断做大的 LNG 市场"蛋糕"

119　9.4　纾解"气荒"困局

122　本章参考文献

123 第十章 化石能源清洁化

123 引子

124 10.1 煤炭的清洁化利用

126 10.2 化石能源的清洁化生产

130 10.3 碳捕集与封存的价值

132 10.4 创新是关键一招

133 本章参考文献

134 第十一章 迈向"零碳社会"

134 引子

135 11.1 风电加速

138 11.2 光伏的新征程

141 11.3 氢能产业"风口"已来?

143 11.4 核电的未来

145 本章参考文献

146　第十二章　拥抱能源互联网

　　146　引子

　　147　12.1　跨越国界的大手笔

　　150　12.2　微电网向我们走来

　　152　12.3　泛在电力物联网

　　154　12.4　万物互联

　　156　本章参考文献

157　第十三章　能源改变未来

　　157　引子

　　159　13.1　能源"游戏规则"悄然生变

　　160　13.2　交通新时代

　　162　13.3　智慧城市

　　163　13.4　未来建筑

　　165　本章参考文献

166 第十四章 尖峰时刻

166 引子

167 14.1 抢占技术制高点

169 14.2 可能的颠覆性技术突破

170 14.3 "终极能源"猜想

174 本章参考文献

175 结语

183 后记

第一部分

为中国经济贡献光和热

我国能源行业一度把保障供给作为主要也几乎是唯一的任务，努力为国民经济增长提供足够的能源动力。新中国成立以来，特别是改革开放以来，能源行业不辱使命，强有力地支撑了国家的经济发展和现代化建设。

第一章

60 岁的大庆油田

引子

　　新中国成立 10 周年时，东北大地传来喜讯，"铁人"王进喜和他的伙伴们在松嫩平原上发现了特大油田。这个被命名为"大庆"的油田，从那时起就开始为国家汩汩流淌油流，时至今日原油年产量在国内依然领先。更为可贵的是，这里孕育了宝贵的"大庆精神"和"铁人精神"，成为工业领域乃至整个国家的一面旗帜，大庆苦难辉煌的历史也是我国石油工业的一个缩影。了解我国石油工业，要从大庆开始。展望我国石油工业的未来，也离不开对大庆油田面临的历史与现实、希冀与失落、机遇与挑战的关注。

60 年，对人生来说是一个甲子的风雨历程，而对我国石油工业来说，则是记录了半个多世纪拼搏与奋斗、辉煌与荣光的不平凡的历史。回溯 60 年前，我们无法忘怀那载入史册的一页：大庆油田的发现。

准确时间是 1959 年 9 月 26 日 16 时，地点是松嫩平原上一个叫"大同"的小镇附近，一口名为"松基三井"的油井喷射出黑色油流，向世界宣告了大庆油田的存在。这时离新中国成立 10 周年大庆只有几天时间，这也是石油人用自己的努力为国家献上的最好礼物。

1.1　被改变的历史

大庆油田的发现，不但让这个地方成为我国工业史上最知名的地点之一，也由此改写了我国石油工业的历史，结束了我国的油荒历史。

《大庆油田大事记》是从 1958 年开始记录的，它起始于邓小平的一个批示。1958 年 2 月 28 日，时任中共中央政治局常务委员、中央委员会总书记的邓小平听取了石油工业部关于寻找石油的汇报之后说："对松辽、华北、华东、四川、鄂尔多斯五个地区，要好好花一番精力，研究考虑……把真正有希望的地方，如东北、苏北和四川这三块搞出来，就很好。"

当时，年轻的共和国百废待兴，刚刚起步的国民经济对石油资源供应的需求与日俱增。国家下了大力气寻找石油资源，但摆在国人面前的现实却不容乐观：新中国成立初期，全国只有甘肃老君庙、新疆独山子、陕西延长这 3 个小油田和四川石油沟、圣灯山 2 个气田，全国只有 8 台破旧的钻机和 52 口油井。

石油勘探界有句名言："油田首先是存在于勘探家的脑子里。"意思是说，先要相信地底下有油，才能真正找到油。这并非唯心主义的论调，而是石油勘探必须基于对地质油藏理论的科学规律的认识才能有所作为。我国一度被认为是"贫油国"，不但外国人这么认为，当时我国的地质学家们也大多持这种观点。20 世纪 50 年代之前流行的地质理论认为：油气是远古时代海洋生物的尸体在高温高压下经过化学变化生成的，所以大型油气田只能在海相地层中找到。而我国的东北、华北、西北地区恰恰属于陆相地层，所以当时绝大多数学者认为我国油气储藏相当贫瘠。

为这一观点提供佐证的一个事实是，从 20 世纪初开始，日本就依仗强大的军事力量侵略我国东北，其侵略的重要目的之一就是寻找石油，但直到 1945 年日本投降时，也未在我国的土地上找到石油。

与众人的观点不同的是，地质学家李四光和黄汲清则坚信我国辽阔的土地下一定蕴藏着丰富的石油。李四光是新中国的首任地质部部长，他根据大地构造条件和沉积条件，为我国的石油勘探划定了一个大的区域。1953 年底，他向毛泽东、刘少奇和朱德等领导人汇报："我国油气资源蕴藏量丰富。"这给了高层决策者很大的希望。黄汲清则提出了著名的"陆相生油"理论，正是在这一理论的直接指导下，大庆油田被发现了。

信心和努力终于换来了回报。新中国成立 10 周年大庆的前夕，勘探队发现了大油田。时任黑龙江省委第一书记的欧阳钦兴奋之余，提议将油田所在地大同镇改名为"大庆镇"，以庆祝中华人民共和国成立 10 周年。[1] 接下来，石油工业部将这个新发现的油田定名为"大庆油田"。当时任石油工业部部长的余秋里听说松辽出油的大同镇改叫"大庆"时，高兴地说："好

---

[1] 参见网易号"矿材网"2019 年 3 月 12 日的文章《新中国第一油田——大庆油田的前世今生》。

啊！大庆好啊！以后我们要把这个名字标在地图上！"大庆油田的发现为我国石油工业发展史树立了重要的里程碑。"大庆"这个源于石油、取之国庆的名字，从此叫响全国，传扬世界。

▶ 小档案

日本人"错失"大庆油田

1928年初，各方盛传在我国东北发现了出产石油的迹象，于是日本人想要在这一地区寻找石油。1929年春，日本人与苏联人在当地向导的带领下，带着20匹骡马沿东清铁路（即中东铁路）到牡丹江上游的森林地带寻找石油，经过两个多月的勘探，无功而返。

1930年4月，经过在美国驻哈尔滨领事馆工作的托里斯基（美籍苏裔）的指点，日本人新带国太郎一行人乘火车前往满洲里的扎赉诺尔煤矿，第二次寻找石油。他们将采集的矿样带往大连化验分析，断定样品中含有石油沥青。

"九一八"事变后，东北三省沦陷，日本人在资源调查上更加明目张胆。有一个名为"满铁调查部"的机构，它的探矿队就像过篦子一样在东北大地上肆无忌惮地寻找战略资源，石油是其主要目标。根据所谓的"海底腐泥起源说"，日本将找油重点放在了辽宁南部地区，原因是那里比较靠近海边。因当时的钻探技术能达到的深度不够，日本人并未发现位于此地的辽河油田。

而位于松嫩平原中部的大庆是典型的陆相沉积构造，理论上是"贫油"地区，故不是日本人找油的重点地段。后来，日本人动用了大量的人力、物力、财力，最终也未能找到真正的油田。

1.2 一个闪光的名字

大庆油田位于黑龙江省中西部，松嫩平原北部，以前这里是一望无际的大草原。清光绪二十三年（1897 年）修建中东铁路时，在这里建立了萨尔图站（即现在的大庆站）。之后清政府开始放荒招垦，这里才渐有人烟。

大庆油田 1959 年被发现，1960 年投入建设。以"铁人"王进喜为代表的老一辈石油人，在极其困难的条件下，自力更生、艰苦奋斗，仅用 3 年时间就建成了大庆油田。

1963 年 12 月 4 日，新华社播发《第二届全国人民代表大会第四次会议新闻公报》，首次向世界宣告："我国需要的石油，过去绝大部分依靠进口，现在已经可以基本自给了。"中国人使用"洋油"的时代一去不复返，我国石油工业从此走进了历史新纪元，我国彻底甩掉了"贫油"的帽子。

开发建设 60 年来，大庆油田走过了不平凡的历程，创造了我国石油乃至整个工业战线的"三个第一"：原油产量第一，上缴利税第一，原油采收率第一。1976 年，大庆油田原油年产量首次突破 5000 万吨大关，进入世界特大型油田的行列。1978 年，全国原油年总产量突破 1 亿吨，我国从此进入世界产油大国行列。这一年改革开放开始了，我国的经济发展有了石油作为"血液"保障。年产 5000 万吨的纪录，大庆人奇迹般地保持了 27 年。直至近年，大庆油田的油气产量也依然保持在 3000 万 ~4000 万吨的水平，见图 1-1。可以说，大庆油田的稳产、高产支撑着国家经济的稳步发展和高速前行。

20 世纪 60 年代初，为甩掉贫油国的帽子，从全国各地汇聚到大庆的石油职工，以空前高涨的爱国热情和创业干劲，迅速推动石油大会战。那

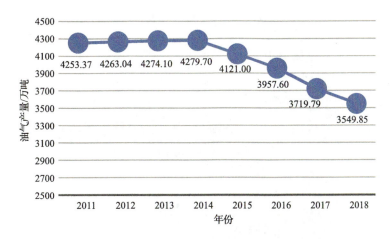

图 1-1 大庆油田近 8 年的油气产量图

（资料来源：中国石油大庆油田有限责任公司官网）

时的大庆到处是沼泽地、芦苇荡与草甸子，工人们只能住在活动板房、地窖子和一种叫作"干打垒"的简陋建筑里，虽然生活条件十分恶劣，他们依然战斗力十足。"先生产，后生活"是当时的主调，"革命加拼命"的豪迈气势充分体现了那个时代特有的氛围。

在科学技术落后和管理手段匮乏的年代，仅靠制度管理庞大的石油系统是不够的，榜样和道德的力量备受推崇，"铁人"王进喜就是其中的突出代表。这位闯将在玉门油田时就带领钻井队创造了当时全国月钻井进尺的最高纪录。东北石油大会战打响后，他带领 1205 钻井队于 1960 年驰援大庆。

王进喜和他的 1205 钻井队在极其困难的情况下打出了油田的第一口井。当井场遭遇井下事故，要用水泥而又没有搅拌机时，王进喜不顾冬季零下 30 摄氏度的严寒，纵身一跃跳下泥浆池，用身体搅拌泥浆（见图 1-2）。历史永远记住了那一幕，那是中华民族精神的高光时刻。

图1-2 "铁人"王进喜用身体搅拌泥浆

（图片来源：新华社）

1964年底，第三届全国人民代表大会第一次会议在人民大会堂召开的时候，王进喜代表全国工人发言。他朗诵了自己的一首短诗："石油工人一声吼，地球也要抖三抖。石油工人干劲大，天大的困难也不怕！"整个人民大会堂掌声雷动，经久不息……

"这困难，那困难，国家缺油是最大的困难！""宁可少活二十年，拼命也要拿下大油田！""有条件要上，没有条件创造条件也要上！"这是那个时代的石油人用意志和信仰战胜困难的精神表达，今天依旧在我们的心灵深处震荡不已。"爱国、敬业、求实、奉献"，这些精神能量先是融入了大庆人的血液里，继而融入了石油这一"工业血液"中，接着源源不断地输入共和国日益强健的躯体。1977年，全国工业学大庆会议先后在大庆和北京召开，全国掀起了学习大庆精神的浪潮。

1970年，王进喜病逝，年仅47岁。人们并没有忘记他。如今，在位于大庆的铁人纪念馆里，常会出现来自全国各地的石油人，还有从大洋彼岸千里迢迢而来的客人，他们希望在大庆探寻能源"密码"。世界能源领域的知名专家丹尼尔·耶金到中国石油天然气集团有限公司（以下简称中石油）访问时，专门提出要和王进喜的雕像合影，还在自己的书中不吝笔墨，描绘这位石油英雄。在他看来，中国人正是凭着"石油精神"，才成功开发出大庆等油田，满足了中国经济发展对石油的需求，这是中国石油工业苦难又辉煌的发展史。

2016 年 6 月，习近平总书记做出重要批示，要求大力弘扬以"苦干实干""三老四严"为核心的石油精神。这在石油战线上激荡起了有力的回响。无论时代如何变迁，这种精神都会永不褪色，从某种意义上讲，它早已不局限于一个行业，而是融入了民族的集体记忆和精神源流当中，并在新的时代中被不断赋予着新的内涵。

1964 年 3 月中旬，著名音乐家、沈阳音乐学院院长李劫夫接到中国音协的通知，在 3 月 20 日到黑龙江省萨尔图报到。由于体弱多病，李劫夫带着一位名叫秦咏诚的年轻人一同前往。那时他们还不知道将要去的地方就是著名的大庆油田。

到大庆以后，他们才知道此行的任务是为石油工人写一首歌。随后他们用了整整 10 天的时间了解石油行业的知识，然后被安排下基层体验生活。他们所去的 1205 钻井队就是"王铁人"当队长的钻井队。在那儿待了 3 天后，他们被感动和震撼了，强烈的情绪在内心涌动。秦咏诚在一堆歌词中翻到了薛柱国写的《我为祖国献石油》，他越看越喜欢，脑海里浮现出在钻井队看到的情景和石油工人们那淳朴的脸庞，数不清的音符开始在眼前跳动。只用了 20 分钟，他就谱出了曲子。

▶ 小档案

《我为祖国献石油》歌词

锦绣河山美如画	红旗飘飘映彩霞
祖国建设跨骏马	英雄扬鞭催战马
我当个石油工人多荣耀	我当个石油工人多荣耀
头戴铝盔走天涯	头戴铝盔走天涯
头顶天山鹅毛雪	茫茫草原立井架
面对戈壁大风沙	云雾深处把井打
嘉陵江边迎朝阳	地下原油见青天
昆仑山下送晚霞	祖国盛开石油花
天不怕 地不怕	天不怕 地不怕
风雪雷电任随它	放眼世界雄心大
我为祖国献石油	我为祖国献石油
哪里有石油	石油滚滚流
哪里就是我的家	我的心里乐开了花

很少有一首歌像《我为祖国献石油》这样，能成为一个行业的精神图腾。伴随着石油工人在全国各地找油的步伐，这豪迈强劲的旋律飘荡在从大庆到四川盆地、从玉门到大海之滨的无数地方。时至今日它依然是经久传唱的经典。

1.3 不断延续的青春

一般油田的开采高峰只能维持一段时间，之后产量就会递减。就像人一样，油田也有它的少年期、壮年期和老年期。在全球石油工业史上，像大庆油田这样能这么多年稳产、高产的油田，实属罕见。

整个石油开采系统是一个看不见、摸不着的"黑箱"。一口井打到底，通常有上百个含油的砂岩层，最厚的达 20 米，最薄的仅 0.2 米。石油人的工作对象就在这地下的岩层中——那里被他们形象地称为"地宫"。如何保证油井准确打入有开采价值的油层？怎样确定对不同性质的油层采取相应的配套技术？在开采的过程中，怎样随时掌握油层的变化以改进和完善工艺？所有这一切问题，唯有通过可靠的数据，通过一系列反复试验才能找到答案。这些都离不开科学求实的精神。

早在 1964 年，大庆就在全国率先提出了向科学进军的口号。石油是不可再生能源，要多开采地下的石油，就得想方设法提高已开发油田的采收率。大庆油田自 20 世纪 70 年代就开始了这方面的研究和实践，自 2013 年以来已经成功应用了聚合物驱油技术。大庆人还首创了一种更大幅度提高原油采收率的技术——泡沫复合驱油，仅大庆油田适用该技术的地质储量就达近 20 亿吨。

大庆油田是世界上为数不多的特大型陆相砂岩油田之一，很长一段时间里，它都是我国原油年产量最高的油田。但经过几十年的开采，大庆油田进入了开发后期高含水阶段，油田综合含水率已高达 90%，油田开发难度超过了以往任何时期。如果大庆油田在高含水阶段继续维持年产 5000 万吨的规模，不仅地面设施无法适应，还需要大量增加新的投入，成本将大幅度提高，从而导致效益下滑。

与国家提倡的科学发展观相同步，在新世纪，大庆人赋予了"铁人精神"新的内涵。2003 年，大庆油田提出"创建百年油田"的战略目标，围绕这个战略目标展开的第一项战略行动，就是对原油产量进行战略性调整，年产量首次下调到 5000 万吨以下。此后在原油年产量 5000 万吨稳产 27 年的基础上，又实现了连续 12 年原油年产量 4000 万吨的高产、稳产。

任何一个油田都会从巅峰缓慢下行，这是无法违抗的自然规律。2015 年，大庆首次将年产量减到 4000 万吨以下，根据既定安排，到 2020 年将调减至 3200 万吨，年均减幅逾 130 万吨。2018 年，风云变幻的国际形势让国际原油市场动荡不断，畅通无阻的国际原油通道一度阴云密布，国内油田再次承担起了增储上产、保障国家能源安全的重任，将近 60 岁的大庆油田征程未竟，马不卸鞍。

在大庆之外的其他地方，从陆地到海洋，我国的石油工作者也发现了很多石油储藏，建设了一批油田。我国油气产量一路增长，直至达到年产量 2 亿吨左右的平台期。但经济快速发展带来的能源消费增长更快。供给与需求两条曲线相交于 1993 年，这一年开始，我国成为原油净进口国。此后原油对外依存度不断攀升，至今已突破 70% 的警戒线。我国近 10 年的原油产量、表观消费量[2] 及对外依存度见图 1-3。回望这一段过去，我们或许才会明白，我们拥有保持了如此之长的壮年期的大庆油田，是多么幸运。

---

[2] 表观消费量 = 当年的产量 + 净进口量。

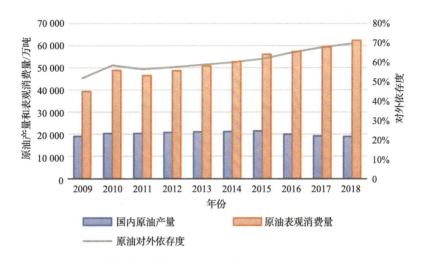

图 1-3　我国近 10 年的原油产量、表观消费量及对外依存度示意图

（根据中国石油集团经济技术研究院历年发布的国内外油气行业发展报告整理）

1.4　凤凰涅槃

大庆历久弥新的发展史昭示着它的贡献，但一些迹象也无声地提醒着人们，它也在悄然地衰老。这是人力无法违抗的自然规律。

新中国成立以来，全国各地发现了不少油田，大大小小的石油城市有20 多座。经过几十年的开发，大部分油田已进入壮年期和老年期，逐渐步入衰退阶段。如果石油之城没有了石油的支撑，那么转型就势在必行。然而转型谈何容易，由历史原因和资源依赖造成的产业结构偏重、接续产业弱小、自然环境恶化和社会功能欠缺等情况，加上人才流失严重，这些问题都成为制约这些城市发展的瓶颈。

放眼世界，并非没有资源型城市转型成功的先例，甚至不乏凤凰涅槃的典范，如德国煤都钢城鲁尔工业区所在的诸多城市，美国钢城匹兹堡、石油城休斯敦等。其中休斯敦的转型最具代表性，这座以石油起家的"世界能源之都"经过多年产业结构调整，目前已成为美国的大贸易港、美国南部地区最大的国际航空港、美国石油化工工业中心和全球著名的太空城。

尽管大庆目前仍然拥有较高的油气产量和可观的利润产值，并没有到生死存亡的关口，但不断衰减的油气产量还是让这座城市充满了危机感。玉门等石油城市的艰难"重生"，也让大庆有着切肤之痛。与各大石油城市在做着转型的努力和尝试一样，中年的大庆也在积极谋求新的出路。

近年来，大庆的转型取得了一些可喜的进展，原油进口、化工和汽车制造成为其转型的三驾马车。毗邻俄罗斯的独特地理位置，使大庆具有作为陆上原油进口通道的重要优势；化工是石油产业链的自然延伸；而在汽车制造产业方面，大庆与吉利合作，设立了沃尔沃整车生产基地，2017年实现了12万辆的年产量，并带动了一大批配套产业落户。

但挑战依然严峻，而且并非只来自产业发展，也来自人的观念和管理体系的转变。传统的石油基地承载着数百万石油工人的工作、生活与未来。油田起初都是建在偏僻的野外，为了满足职工的生活需要，往往就近建起配套的生活设施和保障体系，学校、医院、邮局、商场、电影院等设施一应俱全，在很长一段时间内实行类似配给制的福利制度。[3] 在石油工业激情迸射、高歌猛进的年代，石油人虽然工作辛苦，但这样的配置让他们依然保持着特有的优越感。

随着高油价的结束和市场经济改革的深入推进，一些被掩盖的问题开始浮现。表面上看，石油城市因资源枯竭而衰老，然而结构性困局才是症

---

③　参见和讯网 2019 年 1 月 11 日的文章，白羽所写的《石油风云 40 年》。

结所在。改革已迫在眉睫，而改革又并不是快刀斩乱麻那么简单，其中充满了情感的纠葛、历史的考量和利益的平衡。"三供一业"分离移交、专业化重组、清理亏损企业、改革人事制度等各种举措，在大庆这样的传统石油城市内部不断推进，虽然都是必要之举，但每一次改革都会有一批人的命运发生转折，这也让改革推进者慎之又慎。

可以预见的是，在很长一段时间内，石油作为这个星球上的主体能源的地位仍然难以动摇。但大庆还能再继续生产 60 年吗？ 60 年后的世界能源格局会是什么样的？这些问题都是我们目前还无法明确回答的。整个石油工业系统如何为国家提供更加安全的能源保障，并提前谋划，为将来的可持续发展做必要的准备？随着产业的转型以及人工智能技术的运用，数百万的普通石油工人的命运又将如何？一座座大庆这样的石油之城，如何经历阵痛后实现蝶变，凤凰涅槃？这是摆在大庆油田乃至整个中国石油工业面前的课题。

本章参考文献

[1] 王昆 . 大庆油田五十年文史资料汇编 [M]. 北京：石油工业出版社，2009.

第二章

电力点亮中国

引子

　　回首过去，我国电力行业走过了波澜壮阔的 70 年，从弱小走向强大，从供不应求迈向供应充分甚至过剩，从单一的"水火并举"发展到多元化供给。改革使电力行业不断释放活力，三峡电站等一批重大工程成为中国工业界的"名片"，特高压输电技术冠绝全球。中国电力在为经济社会健康发展提供有力支撑的同时，也在世界电力工业发展史上书写了一段传奇。面向未来，电力行业迈上了高质量发展的新征程。

"楼上楼下，电灯电话"，这句话曾经承载着一代人对美好生活的向往和期盼。在新中国成立后很长一段岁月里，许多百姓住着破旧的平房，点着煤油灯，天一黑就只能睡觉，至于电灯、电话，见都没见过。

通电，在那个年代是许多人的梦想。经过改革开放 40 多年的发展，呈现在我们眼前的已经是另一幅画面：每当夜幕降临，一盏盏路灯次第亮起，照亮了马路，照亮了街道；万家灯火，照亮了行人回家的路，也温暖了人们的心。星罗棋布的农村也已经彻底告别盼电、缺电的艰难岁月。人们生活中曾经不可或缺的煤油灯早已被请进历史博物馆。

2.1 从"无电生活"起步

"耕地靠牛、照明靠油、用水靠挑、碾米靠推"，这是对改革开放以前我国广大农民"无电生活"的真实描述。

那段时间，国内电力供应非常紧张，很多地区都通过采取轮流供电的方式解决电力紧张的问题。在城市中，许多家庭只有一两盏低瓦数的电灯。农村地区尤其是偏远山村，根本无法触及电力带来的文明之光。夜幕降临时，农村家庭能点上自制的煤油灯（见图 2-1），已经是一件值得骄傲的事情——还有不少家庭连煤油灯都点不起。

在那个年代，工业用电同样很难得到充分满足，直到改革开放初

图 2-1　老百姓自制的煤油灯

（刘彬／摄）

期，这种情况依然没有明显改观。

中国社会科学院工业经济研究所研究员白玫在一篇文章中写道："1978年，电力供应不能满足国民经济发展的需要，工业企业生产能力不能充分发挥。由于缺电，发电设备超负荷使用，电力设备超常规使用。由于缺电，现有输变电能力严重不足，几十万千瓦发电能力送不出去，同时由于线路过负荷、电压低，输配线损巨大，年损失电量几十亿千瓦时。"可见，当时电力供应的短缺是一个系统性的问题。

由于缺电，政府对电力工业的管制趋于统一和严格，采取了"计划用电、轮流停电"的干预性政策。1979年2月，国务院决定撤销水利电力部，成立电力工业部和水利部，这是我国第二次成立电力工业部。同年5月，国务院批转电力工业部《关于贯彻执行"调整、改革、整顿、提高"方针的实施方案》，明确跨省区的和一个省区范围内的电网，由电力工业部统一管理，电力由国家统一分配供应。

为落实国务院这一批示精神，电力工业部着手组建华北、西北、华中、西南电业管理局，与原有的华东、东北电业管理局共同组成6个大区电业管理局。经过两年多的努力，电力工业部完成了对全国主要电网、主要省（区、市）的统一管理。

1982年，水利部和电力工业部第二次合并成立水利电力部，1988年国务院撤销水利电力部成立能源部和水利部，至此，我国开始探索将电力工业的行政管理、企业管理和行业自律性管理职能初步分开，大区和省电业管理局公司化改组启动实施，一批大型电力企业集团陆续成立。1997年1月，根据国务院要求，国家电力公司正式组建成立。

"电力"刚开始走进城市家庭时，用电并不便宜。为了节省电费，多数家庭只安装一只 15 瓦的灯泡，尽管光线泛黄，但已弥足珍贵，很多家庭只有在一些重要时刻才会开灯。

在那个年代，煤油灯、蜡烛并没有因为电灯的出现而迅速"下岗"，而是继续在家庭的生活照明中扮演着重要的角色。这是因为当年的电力供应特别是生活用电供应，和金庸武侠小说里段誉的"六脉神剑"一样不靠谱——说停电就停电。许多 70 后、80 后也许还有印象，当时家长催孩子抓紧时间写作业的理由往往是"晚上要停电了"。

为了解决电力供给严重不足的问题，国家采取了许多措施，例如"因地制宜、水火并举""大力发展水电和煤电"。可以说，这些政策举措很合时宜，客观上成为推动电力工业较快发展的重要动力。不过，在经济社会快速发展的背景下，电力供给始终无法弥补需求侧快速增长带来的巨大缺口。

相关资料显示，从 1978 年到 1984 年，我国发电装机容量和发电量由 5712 万千瓦和 2566 亿千瓦时分别增长到 8012 万千瓦和 3770 亿千瓦时，年均增速远低于同期 GDP 年均增速。电力工业的发展速度远远慢于同期经济的发展速度，电力对经济社会发展的支撑能力明显偏弱，甚至在一定程度上对经济社会的快速发展形成掣肘。

在 20 世纪 90 年代，为加快推动电力工业的发展，电力工业领域的改革步伐从未停歇过。1995 年 12 月 28 日第八届全国人民代表大会常务委员会第十七次会议通过了《中华人民共和国电力法》，以法律形式规定了我国的电力工业体制模式，为 2002 年后实施"厂网分开"改革提供了法律依据。

2002 年 4 月，国务院公布了《电力体制改革方案》（业内称为 5 号文），国家电力公司拆分为两大电网公司、五大发电集团和四大电力辅业集团。其中，两大电网公司分别是国家电网有限公司和中国南方电网有限责任公司；五大发电集团分别为中国华能集团有限公司、中国大唐集团有限公司、中国华电集团有限公司、中国国电集团公司和国家电力投资集团有限公司；四大电力辅业集团分别是中国电力工程顾问集团公司、中国水电工程顾问集团有限公司、中国水利水电建设集团公司和中国葛洲坝集团公司。

此后，随着投资体制改革、市场化改革等各项改革措施的持续推进，电力工业逐步走上了发展的"快车道"。到 2018 年底，我国总发电装机容量为 19.0 亿千瓦，同比增长 6.5%，是 1984 年发电装机容量的 23.7 倍，其中水电、火电、风电、太阳能发电装机规模均居世界首位。

农村地区的电力供给能力也逐步得到加强。1994 年，电力扶贫共富工程开始实施。此后，国家又多次安排财政资金用于农村电力建设。随着太阳能、风能等清洁电能进入千家万户，农村和偏远地区的用电条件得到了极大的改善。农网改造、"光明工程"等项目的实施，点亮了电网难以延伸到的偏远山区和农牧区全面发展的希望之灯。

需要看到的是，随着人们对电力的依赖越来越重，一旦电力供给出现任何一点"风吹草动"，就有可能给经济社会发展带来极大的扰动。以 2008 年 1~2 月我国南方地区遭遇的 50 年一遇的严重低温、雨雪、冰冻灾害为例，我国中东部地区输电线路覆冰的设计标准一般为可抵抗 30 年一遇的自然灾害，电力线路可承受 15~30 毫米的覆冰。但在那场雨雪冰冻灾害中，电网受损严重的地区覆冰厚度普遍超过 30 毫米，很多地区甚至达到 50 毫米以上，不少地区电线的覆冰厚度突破历史极值。受此影响，电网安全受到了极其严重的威胁，部分地区出现电力设备掉闸、杆塔折倒断线和拉闸限电的情况。

　　资料显示，在那场灾害中，国家电网公司系统所辖设施由于覆冰造成高压线路杆塔倒塌 17.2 万基，受损 1.2 万基；低压线路倒塔断杆 51.9 万基，受损线路 15.3 万千米；各级电压等级线路停运 15.3 万条，变电站停运 884 座。南方电网公司系统所辖设施杆塔损毁 12 万基，受损线路 7000 多条，变电站停运 859 座。这样一场突如其来的气象灾害，对于全国电力系统的广大干部职工也是一场极其严峻的考验。2008 年 2 月 2 日《经济日报》第一版刊发的一张照片（见图 2-2），清晰地记录了当时电力工人冒着严寒抢修线路的画面。这样的场景在南方许多地区都上演过。经过一个多月的不懈努力，在广大电力系统干部职工付出了汗水、鲜血甚至生命的代价后，受灾电网才恢复正常。

图 2-2　2008 年底南方遭遇严重雨雪冰冻灾害，
在重庆市永川区，电力员工正在茶山竹海 10 千伏萱茶线 67 号杆抢修线路
（图片来源：《经济日报》2008 年 2 月 2 日第一版，陈仕川 / 摄）

　　事实上，无论是日常的管理运维，还是突发情况的应急处理，在保障电力稳定供应的背后，都有着无数电力工人的艰辛付出。对于经济社会的

平稳健康发展，他们功不可没。

2.2 多元电力格局

长期以来，火电和水电一直占据着我国电力供应的头两把交椅，是支撑经济社会发展的重要功臣。

1978年，我国发电装机容量中，水电和火电各占30.3%和69.7%；全国发电量中，水电和火电各占17.4%和82.6%。

改革开放之前，尽管"水火并举"，但电力供应水平与经济社会快速发展的需求明显不匹配，这也导致电力供应十分紧张，使其成为制约国民经济发展的主要瓶颈之一。

当年电力工业发展落后，既有发展基础和发展阶段的问题，也和计划经济的运行机制密切相关。

新中国成立以来，我国的基本建设投资长期实行国家统一管理的制度，即建设计划由国家统一下达，建设投资由国家统一分配，建设资金由财政拨款无偿使用，实行统收统支。在"一穷二白"的背景下，这种吃"大锅饭"的体制有利于国家集中资源和力量办大事，确保重点工程项目建设，但客观上却不利于投资效率的提升。

1979年，国家实施"拨改贷"①改革试点，水电率先使用银行贷款，改变了水电建设依赖财政拨款的局面，走出了拓宽建设资金渠道的第一步。

---

① "拨改贷"是我国固定资产投资管理体制的一项重要改革，是指我国基本建设投资由财政无偿拨款，改为通过中国人民建设银行以贷款方式提供的制度。1979年，"拨改贷"首先在北京、上海和广东进行试点。

从 20 世纪 80 年代起，我国电力工业就开始进行体制改革，以期加快推动各类资本的参与。

1984 年，乘着改革的东风，鲁布革水电站作为引进外资的试点，建立业主、工程师、承包商三方并列的国际项目管理模式，取代原来长期采用的行政管理模式，拉开了水电工程建设改革的序幕。

鲁布革水电站是我国第一个利用世界银行贷款的基本建设项目。这一引进外资的试点项目的成功实践，对我国基本建设行业的改革起到了积极的示范作用。随后，广蓄、岩滩、漫湾、水口及隔河岩 5 个百万千瓦级水电站纷纷实行了业主负责制、招标承包制和建设监理制，在工期、质量、造价等方面取得了公认的成绩和进步。这 5 个百万千瓦级水电站建成后，被业内誉为"五朵金花"。

1985 年，我国又出台相关政策，对集资新建的电力项目按还本付息的原则核定电价水平，打破了单一的电价模式，培育了按照市场规律定价的机制。

可以说，无论是投融资机制改革还是电力价格改革，都是从体制机制层面对电力工业进行松绑，极大地激发了电力投资的积极性，为电力工业的快速发展注入了强劲的动力。

先看火电。改革开放初期，我国只有少量 20 万千瓦的发电机组，而目前已形成以 30 万千瓦、60 万千瓦、100 万千瓦的大型国产发电机组为主力机组的发电系统。单机 30 万千瓦及以上火电机组比例由 1995 年的 27.8% 增长至 2017 年的 80% 以上。截至 2018 年底，我国火电装机容量为 11.4 亿千瓦（见图 2-3）；发电量为 4.92 万亿千瓦时，占总发电量（6.99 万亿千瓦时）的 70.4%。

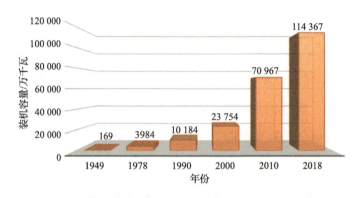

图 2-3　我国火电装机容量

（根据中国电力企业联合会及中国统计年鉴的公开数据整理）

水电也是电力供给的重要力量。我国河流众多，径流丰沛，落差巨大，水能资源非常丰富，发展水电具有得天独厚的优势。水电是技术可靠、运行灵活的清洁低碳可再生能源，发展水力发电，同时也将带来防洪、供水、航运、灌溉等综合效益。

新中国成立之初，我国水电的基础十分薄弱，技术力量严重不足。十一届三中全会以后，国家提出大力发展水电事业、建设十大水电能源基地的战略设想，并优先选择条件优越的河段开发建设，大型抽水蓄能电站的建设从此起步。

2018 年，我国水电装机容量达到 3.5 亿千瓦（见图 2-4），水电发电量达 1.23 万亿千瓦时，占总发电量的 17.6%。我国还建成投产了一批高水平大坝工程，包括三峡、龙滩、锦屏一级、溪洛渡、小湾等混凝土坝和糯扎渡、水布垭、瀑布沟等当地材料坝 [2]，成功解决了"高水头、大流量、窄河谷"的泄洪消能关键技术问题。

---

② 当地材料坝即以坝址附近材料为主建成的拦河坝。常见的是以当地黏性土、非黏性土以及石料为主填筑的土石坝，如土坝、堆石坝、土石混合坝、干砌石坝等。

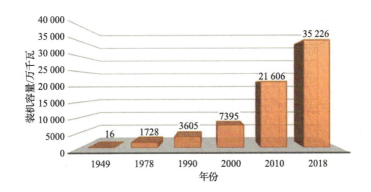

图 2-4　我国水电装机容量

（根据中国电力企业联合会及中国统计年鉴的公开数据整理）

在我国，风电是继火电、水电之后的第三大电力能源。21 世纪的前 10
年，我国风电发展总体上处在低位蓄积能量阶段。自 2008 年以来，我国
风电产业的发展突飞猛进；2009 年，风电的装机容量名列世界第二；2010
年，我国成为全球风电装机容量最大的国家。经过短短十余年的发展，我
国风电产业已经实现了从缓慢起步到跨越式发展，再到日臻成熟的多重跨
越。可以说，我国风电产业已经跨过了追求规模数量的发展阶段，跃升进
入追求更高发展质量的阶段。

根据中国电力企业联合会公布的信息，2018 年，我国新增并网风电
装机容量 2059 万千瓦，累计并网装机容量达到 1.8 亿千瓦，占总发电装
机容量的 9.5%。2018 年我国风电发电量为 3660 亿千瓦时，占总发电量
的 5.2%，全国风电平均利用小时数增加的同时，"弃风"③限电状况明显
缓解。

---

③　弃风，是指风机处于正常情况下，由于当地电网接纳能力不足，风电场建设工期不匹
　　配，以及风力发电不稳定，部分风电场的风机暂停的情况。类似的，弃光是指因光伏
　　系统并网、发电功率受环境影响，放弃所发的电的情况。

截至 2018 年底，我国太阳能发电装机容量达 1.74 亿千瓦，同比增长 34%，位居全球第一。2018 年我国太阳能发电量共计 1775 亿千瓦时，同比增长 50%；平均利用小时数为 1115 小时，同比增加 37 小时。令人可喜的是，在装机规模扩大、发电量增加的背景下，"弃光"电量和弃光率实现"双降"。

2.3　向改革要"电力"

针对改革开放初期我国电力供给短缺现象日益严重的困局，一场旨在为电力行业发展松绑的改革悄然拉开序幕。

根据白玫研究员的研究，我国电力体制改革始于 20 世纪 80 年代，改革的目标是解决电力工业投资严重不足的问题，加速电源建设。正如前文所述，我国电力体制的改革首先是在电力投资与电力价格方面发力，努力放松电厂建设投资管制和电价管制。

这一改革也确实收到了实效。白玫认为，自 1985 年到 1996 年，通过电力投资体制改革，财政以外的投资总量迅速扩大，60% 以上的电力投资来自非财政资金。随着大量社会资本的进入，我国电力装机容量、发电量均迅速增加。

从另一个角度看，随着改革的推进，发电环节的垄断逐步被打破，发电主体也实现了多样化。党的十四大提出我国经济体制改革的目标是建立社会主义市场经济体制以后，电力体制改革的思路和方案逐步清晰，电力行业开始了市场化改革的初步探索。

1997 年 1 月 16 日，国家电力公司正式成立，电力工业部所属的企事业单位划归国家电力公司管理。1998年3月，电力工业部撤销，国家电力公司作为国务院出资的企业单独运营，标志着我国电力工业管理体制由计划经济向社会主义市场经济转变、电力部门实现政企分开的历史性转折的到来。

在我国电力行业市场化改革发展中具有里程碑意义的事件，当属2002年国务院公布的《电力体制改革方案》。根据该方案，我国电力体制改革的任务是"厂网分开、主辅分离、输配分开、竞价上网"。这一方案为此后十余年电力行业的市场化改革指明了方向。

电力行业随着市场化改革的提速，加速破除了独家办电的体制束缚，从根本上改变了指令性计划体制，解决了政企不分、厂网不分等问题。发电侧引入了竞争机制，国家电力公司也被拆分为两大电网公司、五大发电集团和四大电力辅业集团，电力市场主体多元化竞争格局初步形成，市场监管也实现了"监营分开"。

党的十八届三中全会提出"国有资本继续控股经营的自然垄断行业，实行以政企分开、政资分开、特许经营、政府监管为主要内容的改革"。2015年3月，针对电力行业存在的一系列亟须通过改革解决的问题，中共中央和国务院印发了《关于进一步深化电力体制改革的若干意见》（以下简称9号文），被誉为"啃硬骨头"的改革正式拉开帷幕。

9号文明确了在进一步完善政企分开、厂网分开、主辅分开的基础上，按照"管住中间、放开两头"的体制架构，有序放开输配以外的竞争性环节电价，有序向社会资本放开配售电业务，有序放开公益性和调节性以外的发用电计划。

2018年，我国所有省（区、市）均建立了电力交易机构，北京和广州两个区域性电力交易中心也组建完成（广州电力交易中心办公现场如图 2-5 所示）。截至 2018 年上半年，在全国各电力交易机构注册的合格市场主体达 82 921 家，较 2017 年底增长约 2 万家。

图 2-5 广州电力交易中心办公现场
（经济日报社记者庞彩霞／摄）

输配电价改革持续扩大化。在 2017 年实现省级电网输配电价改革全覆盖的基础上，2018 年陆续核定了华北、东北、华东、华中、西北五大区域电网以及 24 个跨省跨区专项输电工程的输电价格。

售电侧市场竞争机制初步建立。截至 2018 年 8 月，我国在电力交易机构注册的售电公司达 3600 家左右，可为电力用户提供多样化的选择和服务。通过开展增量配电业务改革试点，我国在引入社会资本方面取得了突破性进展，显著提高了配电网运营效率，改善了供电服务质量。

发用电计划加快放开。2018 年上半年，我国市场化交易电量为 8024 亿千瓦时，同比增长 24.6%。其中，发电企业与电力用户直接交易电量为

6656 亿千瓦时，为工商企业减少电费支出约 259 亿元；跨省跨区市场化交易电量为 1483 亿千瓦时，同比增长 32.6%。

此外，电力现货市场建设平稳推进。2018 年 8 月，南方电力现货市场已启动试运行，在建设电力市场、通过市场交易形成价格信号方面迈出了重要的一步。

2.4　重大电力工程结硕果

如果从我国第一座水电站——石龙坝水电站的兴建开始算起，中国人自己建设水电站的历史已经超过 100 年了。

2010 年，时任国家发展和改革委员会（以下简称国家发展改革委）副主任、国家能源局局长的张国宝在中国水电 100 年纪念大会上动情地说，从 20 世纪初小型的石龙坝水电站到 21 世纪初雄伟壮观的长江三峡工程，中国水电走过了光辉灿烂的 100 年历程。

百年沧桑巨变，但中国人追求电力事业发展的步伐从未停止过。新中国成立后不久，我国"自主设计、自制设备、自己建设"的第一座大型水电站——新安江水电站动工开建。此后，丹江口、刘家峡、三门峡、乌江渡、葛洲坝等一大批大型水电站相继建成，为国家建设提供了优质的电力能源。

进入 20 世纪 90 年代，李家峡、天荒坪抽水蓄能电站开工建设。1997 年，国家电力公司成立后，龙滩、小湾、公伯峡、洪家渡、三板溪等水电站的建设也得以推进。

根据张国宝的回忆，1992—1999 年，我国水电年投产量连续 7 年超过 300 万千瓦。到 1999 年底，我国水电装机容量已经达到了 7279 万千瓦，年发电量达到了 2129 亿千瓦时，世界排名分别提升至第 2 位和第 4 位。到 2000 年底，万家寨、二滩、天生桥等一大批水电站又相继建成投产。

当然，在众多水电工程中，最举世瞩目的当属我国有史以来建设的最大型的工程项目——三峡电站，即长江三峡水利枢纽工程（又称三峡工程）。三峡电站也是世界上规模最大的水电站（见图 2-6），于 1994 年正式动工兴建，并于 2009 年全部完工。

图 2-6　长江三峡水利枢纽工程远眺图
（资料来源：中国长江三峡集团有限公司官网）

三峡电站大坝高程 185 米，蓄水高程 175 米，静态投资 1352.66 亿元，安装了 32 台单机容量为 70 万千瓦的水电机组。2012 年 7 月 4 日，三峡电站最后一台水电机组投产，三峡电站成了全世界最大的水力发电站和清洁能源生产基地。截至 2018 年 12 月 21 日 8 时 25 分 21 秒，三峡电站累计生产了 1000 亿千瓦时的绿色电能。

随着一大批水电站项目的建成投产，电力的输配送又面临新的问题：我国水力资源集中分布在经济发展相对落后的中西部地区，而东部地区经济较为发达，对能源的需求也更多。

为了解决资源禀赋和经济发展水平不匹配的问题，大容量、远距离、高电压输电技术应运而生，一批高压输电线路相继建成投产，推动电网建设技术不断提高，达到了世界交直流输电技术的领先水平。在高电压、超高电压输电的基础上，特高压输电技术的出现使"煤从空中走、电送全中国"成为现实。2016 年 1 月 11 日，准东—皖南 ±1100 千伏特高压直流输电工程开工建设。这是目前世界上电压等级最高、输送容量最大、输送距离最远、技术水平最先进的特高压输电工程。

在电力跨区域输送的重大工程中，"西电东送"工程的全面启动同样是一个标志性事件。"西电东送"工程作为我国西部大开发的重点工程之一，有着工程量大、投资额高、施工时间跨度长等一系列特点。而随着这一工程的实施，广大西部地区的电力资源可以实现更经济的跨区域流动，既可以减少能源在不同区域间流动的运输压力和环境压力，满足东部地区经济社会发展对能源的需求，也能使西部地区的能源资源优势转化为经济优势，真正实现资源的合理有效配置。

如今，进入新时代，高质量发展成为电力工业发展的核心要求。高质量发展不仅是电力工业自身的发展要求，也是我国经济实现高质量发展和转型升级的重要保障。电力行业正努力实现从规模扩张向质量提升的转变，实现从要素驱动向创新驱动的转变。正如一位专家所言：人类终将生活在一个更加光明的世界中，但我们要的是低能耗的光明。电力行业的使命任重而道远。

本章参考文献 ——————————————————————————

[1] 张国宝 . 筚路蓝缕——世纪工程决策建设记述 [M]. 北京：人民出版社 , 2018.

[2] 白玫 . 改革开放 40 年电力工业发展历程与成就 [J]. 中国能源 , 2018(10): 5-11.

[3] 水电水利规划设计总院 . 改革开放四十年水电建设成就与展望 [N]. 中国改革报 , 2018-10-09(5).

[4] 王志轩 . 中国火电正值青壮年 [N]. 中国能源报 , 2018-08-06(3).

[5] 司贺秋 . 40 年电力体制改革成效的衡量 [J]. 中国电力企业管理 , 2019(1): 40-44.

第三章

负重的煤炭

引子

　　煤炭作为我国传统的主要能源，在我国能源消费结构中占据着十分重要的基础性地位。新中国成立以来，特别是改革开放以来，煤炭行业发生了翻天覆地的历史性巨变，取得了举世瞩目的历史性成就，为国民经济平稳、快速地发展提供了有力的能源保障。在新形势下，煤炭行业也面临着转型发展的挑战。负重前行，是煤炭行业绕不开、躲不过的现实。

历史上，马可·波罗从中国返回欧洲后，除了向亲友们绘声绘色地介绍中国的丝绸、茶叶、瓷器等之外，还告诉他们，在中国，有一种神奇的黑石头，可以像木柴一样燃烧，但火力比木柴强很多，而且从早烧到晚都不会熄灭。

当时，人们只把马可·波罗所说的"黑石头"当作奇闻来传颂，却不知道它就是煤炭。煤炭在历经千万年的沉睡之后，在人类生产和生活的炼炉里燃烧了自己，照亮了人类文明的伟大进程。

3.1 不能抹杀的功绩

"城中内外经纪之人，每至九月间买牛装车，往西山窑头载取煤炭"，在《析津志》中，元代学者熊梦祥这样描述元大都（即后来的北京城）的煤炭供应。熊梦祥无法预料的是，约 700 年之后，还是在北京城，曾经是百姓冬季取暖必需品的煤炭，几乎成了人们谈之色变的对象。特别是每次雾霾天气席卷我国北方地区时，煤炭便被认定是"元凶"，"去煤化"的呼声更是此起彼伏。

长期以来，在我国贫油、少气、富煤的资源禀赋下，煤炭一直是我国能源供应的支柱。在新中国成立初期，各地人民政府共接收了约 40 个煤矿企业、200 处矿井和少数几个露天矿。这些煤矿大多规模小、设备简陋、技术落后，加上长期战争的破坏，已是千疮百孔。

那个年代，煤炭的生产主要依靠手工作业，机械化程度相当低。相关资料显示，新中国成立之初，我国原煤产量连国内基本用煤需求都不能完全满足，煤炭消费量占一次能源消费总量的 90% 以上。当时我国经济是不折不扣的"煤炭经济"。

在计划经济时代，所有的煤炭生产任务都由国有企业承担，依赖国家投资，企业的生产、销售、定价完全按照政府计划执行。煤炭的供给远远无法满足生产和生活的需要，反而凸显了其重要性。当年，虽然井下作业条件差、风险大，但在煤矿工作仍然令人十分艳羡——毕竟矿工是"铁饭碗"，是那个年代许多人走进国有经济体制的有效途径。

著名作家路遥所著的《平凡的世界》中，主人公之一的孙少平最终成为一名煤矿工人。对于他而言，能成为矿工已经十分满足，正如书中写道："不久前，你还是一个流浪汉，像无根的蓬草在人间漂泊。现在你已经有了职业，有了住处，有了床板……面包会有的，牛奶会有的，列宁说。嘿嘿，一切都会好起来的……"

党的十一届三中全会以来，我国进入了改革开放、以经济建设为中心的新时期，经济发展进入快车道。经济社会的快速发展，使得对基础能源——煤炭的需求量猛增，煤炭的产量及其在一次能源消费结构中所占比例的变化，在很大程度上成了我国国民经济发展的"晴雨表"。

资料显示，虽然我国煤炭资源富甲全球，但 1949 年产煤量只有 3000 多万吨。新中国第一个五年计划期，产煤量达到 6600 万吨，占一次能源消费的 90% 左右。1978 年，产煤量为 6.18 亿吨，1994 年为 12.40 亿吨，占一次能源消费的比例均保持在 70% 以上。到 2000 年，原煤产量达到 13.8 亿吨、煤炭消费占一次能源消费比例降至 68% 左右。2018 年，我国原煤产量 36.8 亿吨。1999 年至 2018 年我国的原煤产量如图 3-1 所示。

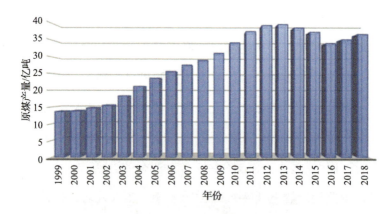

图 3-1　1999 年至 2018 年我国的原煤产量

（根据国家统计局电子数据库和中国统计年鉴的公开数据整理）

可以说，新中国成立以来，特别是改革开放以来，煤炭是我国经济发展、社会进步的最大"功臣"。多年来，煤炭这种被称为"黑金"的固体可燃性矿物，为我国整个经济的发展提供了廉价的能源。一直到现在，煤炭在我国还依然占据着主体能源的地位。

3.2　粗放发展

新中国成立后，我国的煤炭行业在薄弱的基础上艰难起步。在煤炭行业发展的早期，为了满足煤炭供给的需要，一些地方"大干快上"，虽然带动煤炭产量大幅增长，但客观上也留下了不少长时间难以消除的后患。

不少矿井为追求原煤产量，几乎到了不择手段的地步。一些矿井"重采轻掘"，眼里只有厚煤层，随意丢弃薄煤层。这些做法有一定的历史局限性，客观上造成了忽视安全工作、忽视技术要求的现象，也在较长一段时间里给行业的发展留下了许多"后遗症"。

改革开放初期，为了缓解国民经济高速发展过程中长期存在的煤炭产量"瓶颈"制约问题，中央于 1981 年提出允许个人办矿，包括小煤矿等。1983 年印发的《国务院批转煤炭工业部关于加快发展小煤矿八项措施的报告的通知》提出，"我国幅员辽阔，煤炭资源丰富，有一千多个县蕴藏着煤炭""发展小煤矿有着十分优越的条件""鼓励各行各业办矿，也允许群众集资办矿"。自 1985 年起，国家又对原国有重点煤矿、国有地方煤矿实行了投入产出总承包，以后又多次延续财务承包。这些产业政策调动了地方、个人办矿的积极性和国有煤炭企业的积极性，激发了煤炭企业的经营活力。

相关数据显示，1985 年，随着政策效应的释放，小煤矿产量达到 2.68 亿吨，占全国煤炭产量的近 1/3。此后小煤矿的数量一路攀升，到 1997 年，小煤矿数量已经达到 8 万多个。

在这一阶段涌现出的小煤矿中，有一些在一二十年后成长为大型煤炭企业。不过，这样的煤炭企业并不多见。小煤矿的"遍地开花"，很大程度上给煤炭行业的粗放发展埋下了根。正是由于小煤矿数量的快速增长，"多、小、散、乱、差"的问题也愈发突出，安全生产问题更是为社会各界所诟病。

此后，我国在煤矿安全生产领域进行了一系列整治和改革：健全煤矿安全国家监察体系，强化瓦斯事故防治，关闭整合小煤矿，完善应急救援体系。由此，煤炭行业安全发展形势逐渐好转，特大事故发生数和死亡人数逐渐减少。

粗放发展除了给煤炭行业的发展带来了血的教训以外，也给生态环境带来了巨大的伤害，甚至在一些地方形成了不可逆转的破坏。

由于我国早期煤炭开采的技术储备不足，煤炭开采方式总体上较为粗放，加之观念上重视经济效益，轻视生态环境保护，环保投入严重不足，导致煤炭大量无序开采，出现了地面沉陷、产生粉尘、土地资源被破坏、地下水系统受扰等一系列生态环境问题。这种只顾眼前利益，不顾长远利益，只重经济效益，不重视生态效益的做法，一度引发了社会对煤炭企业的不满与抨击。

3.3 自我革新

有人把 2002—2011 年称为煤炭行业发展的"黄金十年"。回顾"黄金十年"，其实这也是煤炭行业各种问题充分暴露的 10 年，难掩煤炭行业发展之殇。

这 10 年中，在宏观经济高速增长的背景下，煤炭需求大幅增长，产量、价格、利润也一路激增。这期间，煤炭价格从不到 200 元 / 吨一路飙升到将近 2000 元 / 吨，煤老板们赚得盆满钵溢。

然而，在山西煤监局党组书记、局长卜昌森看来，这样一场煤炭行业狂飙突进的发展盛宴，狂欢过后却给煤炭人留下太多遗憾和伤痛。[①] 他在一篇文章中归纳了"三痛"，即安全之痛、发展之痛、民生之痛。具体表现如下。

——安全之痛：中国煤炭行业效益最好的"黄金十年"，反而是新中国成立以来煤炭工业安全生产状况差、重特大事故发生率高的 10 年。

——发展之痛：最深刻的教训是行业发展失控，企业家头脑发热，失去

---

① 参见卜昌森在 2016 年 4 月 15 日中国国际煤炭大会暨展览会上的发言《只有改变才能重生 —— 中国煤炭行业的昨天、今天、明天》。

理性，发生了行业性、系统性、战略性失误，尤其是指导思想有误区、发展思路有问题、发展路径有偏差，忽视了整个行业的科学发展、内涵发展。很多煤炭企业发展战略雷同、产业雷同、产品雷同，"一煤独大"，没有形成有效的替代产业，丧失了成功转型发展的大好机遇。

——民生之痛：企业发展的不理性，助长或诱导了职工生活消费的不理性，导致煤炭企业出现了大量的"房奴""车奴"和"月光族"。结果是随着煤炭行业步入"寒冬期"，职工工资被长期拖欠，不少职工群众的生活陷入困境，生活无着落，房贷、车贷断供，进而造成大量的家庭纷争和社会问题，这些问题也成为影响企业安全生产的隐忧。

随着煤炭发展"黄金十年"走向终结，煤炭企业的发展形势急转直下，进入了长达 4 年的"寒冬期"，坑口煤卖不出沙子钱，煤炭企业度日如年。这场寒冬中，山东能源集团的一位矿长感慨道："过去矿工们都盼着能当矿长，如今经营压力大，不少矿长都想辞职。"

越来越多的煤炭人开始意识到，这个行业已经到了必须自我刮骨疗伤、自我革新的时刻了。一些煤炭企业开始迈出转型发展的步伐，煤炭工业的生产工艺也发生了翻天覆地的变化，技术水平有了明显提升。

随着技术的不断进步，我国煤矿建设能力已经跃升到世界前列。目前，我国煤矿采用冻结法进行立井施工的深度达近 1000 米，居世界第一；斜井施工长度达到 800 米；采用钻井法凿井的深度达到 660 米。陕北、大同、平朔、蒙东等一批亿吨级矿区建成。

尤其值得称道的是，煤炭智能开采已经取得了重大突破，这给煤炭行业的生产方式带来了颠覆性的影响。目前，我国已经建成 100 多个煤矿智能化工作面（示例见图 3-2），实现了地面一键启动、井下有人巡视和无人值守。中国煤炭工业协会名誉会长濮洪九在一篇回忆文章里是这样描述的：

"2016年9月，我去了陕煤集团的黄陵一号井无人工作面。当时是下午四点，正是交接班时间，第二班开始作业。我下了那么多井，不用下井就可以采煤的，还是第一次遇见。我在地面的控制室按下两个按钮，上面控制台的屏幕就显示出井下的所有状态——首先，运输机启动了；然后，采煤机运转了；接着，液压支架移动了；最后，煤就出来了。

"井下没有人，全在地面上控制，这个令我特别兴奋又感慨万千。当年我在部里工作，给大学生做报告的时候经常说，现在我们煤矿工人很辛苦，但以后我们就可以实现机械化、自动化，做到井下尽量少用人。那个时候还没有'智能化'这个词儿呢，但短短几年就实现了突破，梦想变成了现实。"

图3-2　兖州煤业鄂尔多斯能化有限公司转龙湾煤矿智能化工作面
（资料来源：兖矿新闻中心）

在2018年底召开的庆祝煤炭工业改革开放40周年座谈会上，中国煤炭工业协会会长王显政谈到，2018年我国大型煤炭企业采煤机械化程度由新中国成立初期的0.73%提高到97.9%，掘进机械化程度由1.99%提高到 56.3%；全国煤矿生产效率由 1949 年的人均 100 吨 / 年左右提高到人均 1000 吨 / 年，增长了 9 倍，部分煤矿生产效率甚至达到人均 2 万吨 / 年。

生态文明矿区建设也取得显著成效。保水开采、充填开采、无煤柱开采等绿色开采技术得到普遍推广，煤炭深加工示范、燃煤电厂超低排放、高效煤粉型工业锅炉技术示范取得成功，煤炭清洁高效集约化利用水平大幅提升。

煤炭行业的国际合作也深入推进。从 20 世纪 70 年代我国开始有计划地引进综采设备，到中美合资建设安太堡露天煤矿；从开展煤炭国际贸易到煤炭企业"走出去"开发境外资源，再到兖矿集团成为澳大利亚煤炭生产供应商；从开展学术交流到加强与世界能源机构、政府和企业的深度合作，我国煤炭工业的世界影响力不断提升。[②]

此外，煤炭作为工业原料的价值进一步被挖掘出来，煤化工、煤直接 / 间接液化等产业得到有序发展，煤炭由主要作为工业燃料转变为同时作为原料和燃料，产业链进一步延伸，产业布局更加多元，煤炭资源的经济效益和战略价值进一步提升。

3.4　说"再见"为时尚早

目前，煤炭约占全球能源消费量的 1/4，是仅次于石油的第二大能源，也是成本较低的发电原料之一，其对于人类经济社会发展的意义非常重大。

由于"去煤化"的呼声越来越高，一些地方不顾国情，不考虑实际情

[②] 参考中国煤炭工业协会会长王显政在 2018 年 12 月召开的庆祝煤炭工业改革开放 40 周年座谈会上的讲话，见国家煤炭工业网。

况，不科学地制订计划，盲目加快煤改气、煤改电的步伐，反而给能源供给的安全稳定带来了巨大的不利影响。

尽管煤炭消费占比在逐年下降，但由于比例基数较大，而且考虑到我国的资源禀赋和终端用能结构，在今后一段时间内，煤炭依然是我国最重要的基础性能源，仍将在我国能源结构中发挥作用。

由国家能源集团[③]、国际能源署（International Energy Agency，IEA）联合发布的《全球煤炭市场报告（2018—2023）》预测，到2030年，煤炭在我国一次能源消费结构中仍将占到50%左右（见图3-3）。在濮洪九看来，不合国情的去煤化是不合理的。煤炭资源丰富，产能大，可以保证供应，当其他能源供应不足，或者北方地区冬季供暖需求量大时，可以迅速用煤来补充救急。煤制油、煤制气和煤层气可以补充我国油气资源的不足，增强自我保障能力，减少对国外能源的依赖。

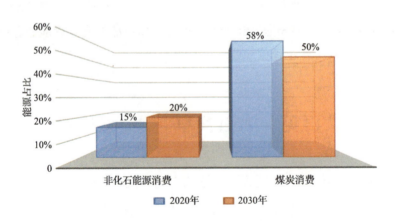

图 3-3　我国规划当中的能源结构的变化情况

（资料来源：《全球煤炭市场报告（2018—2023）》）

③　2017年，经报国务院批准，中国国电集团公司与神华集团有限责任公司合并重组为国家能源投资集团有限责任公司（简称国家能源集团）。

　　从政策导向上，中央明确指出一方面要压缩煤炭比例，另一方面要大力推进煤炭清洁高效利用，形成煤炭、石油、天然气、新能源、可再生能源多轮驱动的能源供应体系。这意味着我国以煤炭为主的能源格局仍将持续一段时间。

　　即便是在国际上，煤炭也没有退出舞台，特别是对于新兴经济体，煤炭依然扮演着十分重要的角色。据新加坡《联合早报》报道，全球在建燃煤发电厂中，82%左右的电厂位于亚洲四大发展中经济体——中国、印度、越南和印度尼西亚。即便是经济发达的日本，在经历福岛核电站事故以后，对煤炭的依赖度也出现了明显的上升。

　　完全对煤炭说"再见"为时尚早。在大力发展新能源、可再生能源的同时，我国仍然要重视煤炭的清洁高效利用，通过积极转变发展方式，实施清洁化生产，实现节能减排，提高资源利用效率，推动煤炭与清洁能源技术、产业模式的有机融合。促进煤炭清洁化利用与新能源、可再生能源的协同发展，是今后一个时期我国能源发展的必然选择。

本章参考文献

[1] 许红洲，林火灿. 再识一车煤 [N]. 经济日报，2010-02-28(1).

[2] 郑庆东，许红洲，林火灿. 煤炭产业的出路在哪儿——对我国煤炭主产区的调查 [N]. 经济日报，2015-12-20(1).

[3] 中国煤炭工业协会. 中国煤炭工业 40 年改革开放回顾与展望：1978—2018[M]. 北京：煤炭工业出版社，2018.

[4] 于欢，武晓娟. 50 年，终成煤炭智能化开采引领者——濮洪九忆我国煤炭综合机械化发展历程 [N]. 中国能源报，2017-09-04(5).

[5] 林益楷. 能源大抉择：迎接能源转型的新时代 [M]. 北京：石油工业出版社，2019.

第二部分
向高质量转型

党的十八大以来，能源生产和消费革命成为能源领域最响亮的声音，这意味着开始了新的能源转型。这既顺应了世界能源转型的趋势，也是我国能源现状和环境生态的要求。顺利推进能源革命，将实现能源的高质量发展。

第四章

能源生产和消费革命

引子

在全球能源行业变革以及我国加快发展方式的转变、建设生态文明的时代背景下，我们要更好地提升能效、促进绿色低碳转型。从长期战略高度出发，推动我国能源生产和消费革命。以推动能源转型为主线，以能源生产和消费革命为抓手，构建形成安全、绿色、高效的现代能源体系，是我国能源发展的重要战略方向。这是加快国家现代化建设和实现长期可持续发展的需要，更是积极应对生态环境治理和全球气候变化的迫切需要。

在 2014 年 6 月召开的中央财经领导小组第六次会议上，习近平总书记就推动能源生产和消费革命提出了 5 点要求，即必须推动能源消费、能源供给、能源技术和能源体制四方面"革命"，全方位加强国际合作。"四个革命、一个合作"能源安全新战略的提出，标志着我国能源战略的重大转型。

4.1 其命维新

人类从诞生以来就在使用能源，也在经历使用能源的演变。使用能源的演变带来人类生产力水平的提高，人类利用和驾驭能源能力的增强，也给能源本身带来了变革。人类见证了能源技术的进步、能源形态的变迁、能源利用范围的拓展、能源生产组织形式的变革等。人们还发明了"市场"这一最有效的形式，在能源生产运转的各个环节进行科学分工，甚至开展跨越国界的合作，并且学会了利用经济手段来促进节能。可以说，能源既是人类社会的"第一产业"，也是在不断变化发展着的最新的产业。

我们给能源利用中的这些变化冠以"转型""变革""改革""进化""革命"等动词，而"革命"是这组词里程度最强的。能冠以"革命"一词的必是重大之事，就像人类学会钻木取火、发明蒸汽机那样的事件。"革命"一词，最早见于《周易·革卦·彖传》："天地革而四时成，汤武革命，顺乎天而应乎人"，其原意是指顺应天意和民心的重大变革行为。"变革"或"改革"与"革命"均有破旧立新之意，但从程度上区分，"改革""变革"一般指在不触动根本的前提下进行局部调整，而"革命"则指对旧的事物、制度或思想进行彻底变更，使其产生深刻质变。革命是从根本上颠覆秩序。人类的能源利用历程正是经历了几次意义非凡的革命，从而推动了生产能力的飞跃发展，最终给人类社会带来深刻而又全面的变化，历史才得以翻开新的篇章。

我国能源行业面对资源、环境与经济发展的多重变化，在其发展中需要做相应的调整，学界和行业内部之前对此也有过很多呼吁，但大多使用"变革""转型"等词，官方使用"革命"一词描述能源战略的调整，将其提至国家长期战略的高度，显示了极大的决心和魄力，背后有着推动我国经济发展模式转变的深切含义，也意味着我国能源战略将出现根本性的重大变化，蕴含着非常深远的历史和现实意义。

"周虽旧邦，其命维新。"能源虽已有久远的历史，但当下正处于不断转型变革的潮流当中，特别是我国的能源事业，承担着革故鼎新之重任。"四个革命、一个合作"能源安全新战略（见图4-1）的提出为能源革命清晰地指出了方向，也凸显了能源革命真正的含义。在其中，能源消费革命是引领，目标是达到高效率和智能化的高级能源消费形态；能源供给革命是关键，重在形成绿色低碳、安全高效的能源生产格局；能源技术革命是支撑，需要依靠能源技术的重大突破支撑能源强国的建设；能源体制革命是保障，旨在建成现代化能源市场体系，还原能源商品的市场属性，实现能源治理方式现代化；能源国际合作是平台，实现由

图4-1　"四个革命、一个合作"能源安全新战略图示

参与者向贡献者、引领者的转变。

革命必然会带来一些颠覆性的变化。从能源消费革命的角度来讲，如何摆脱高耗能的发展模式，抑制不合理的能源消费？如何控制能源消费的总量，实现效率提高？怎样实现节能优先？从能源供给革命的角度来讲，如何建立一个立足国内的多元供应体系？怎样推进煤炭的洁净化和高效利用？如何提高能源供应体系的安全程度和清洁程度？从能源技术革命的角度来讲，在第三次工业革命潮流面前，中国能不能真正参与其中并推动产业结构优化升级？如何紧跟和超越世界能源技术革命的步伐？如何以绿色低碳为方向实现产业形态和商业模式等方面的创新？能源体制革命更是关键环节，如何还原能源的商品属性？如何构建有效的市场结构和市场体系？怎样更好地发挥体制创新的乘数效应？能源国际合作至关重要，如何在开放的国际市场中保障国家能源安全？如何实现能源生产国与消费国互利共赢，推动全球能源可持续发展？诸如此类问题，都值得仔细思量、逐一破解。

4.2 "第三条道路"

从能源发展现状看，目前我国已成为世界上最大的能源生产国和消费国，煤炭、石油、天然气、电力、新能源、可再生能源全面发展的能源供给体系已经初步形成，技术装备水平得到长足提高，生产生活用能条件明显改善。这是我国能源发展取得的巨大成绩，但同时我们也应看到，我国面临着能源需求压力巨大、能源生产供给制约较多、能源生产和消费对生态环境损害严重、能源技术装备水平总体落后等问题。特别值得关注的是目前我国油气对外依存度不断攀升，2018年原油对外依存度接近70%，天然气对外依存度达到45%。

当前我国正处于建设社会主义现代化强国的历史机遇期，但是，我国的能源问题与环境问题、发展问题交织在一起，成为制约现代化建设的瓶颈。在我国的能源消费结构中，化石能源特别是煤炭还占较大比例，见图4-2。长期以来依靠大量化石能源投入的发展模式，日益受到资源禀赋和生态环境的约束，而作为发展中大国，我国又必须满足经济社会发展对能源的需求。

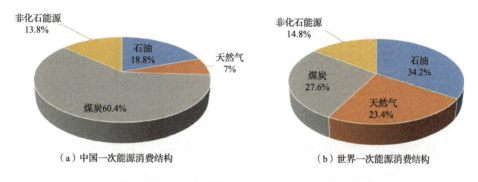

图4-2　2017年中国和世界一次能源消费结构图

（根据国家统计局电子数据库和中国统计年鉴公开数据整理）

党的十九大报告把能源生产和消费革命放在"加快生态文明体制改革，建设美丽中国"这部分内容中加以部署，这也意味着，能源革命是建设美丽中国的重要前提。能源消费减量化以及能源生产清洁化、低碳化，有助于促进人与自然和谐发展，促进经济社会发展与资源环境协调和可持续发展。

根据国家发展改革委2016年12月发布的《能源生产和消费革命战略（2016—2030）》，到2020年，能源消费总量控制在50亿吨标准煤以内，

2030 年，能源消费总量控制在 60 亿吨标准煤以内。中国国际经济交流中心课题组研究认为，在碳减排的约束下，届时被允许使用的化石能源高限仅分别为 42 亿吨和 47 亿吨标准煤。在这一矛盾当中，我们既不能继续走高耗能支撑经济增长的老路，也不能单纯靠减少能源消费总量而影响经济发展。

要跳出这一困局，关键在于怎样处理传统化石能源与清洁能源之间的关系。这就是说，我国未来的能源发展需要致力于走出一条新路。一方面，降低整体经济的能源强度①，在保持经济以合理的速度发展的前提下，控制过快的能源消费总量增长速度；另一方面，增加非化石能源特别是可再生能源的供给，加快调整能源结构。

正如一些专家所说，欧美国家大力发展清洁能源的一个大前提是，这些国家已基本完成工业化和城市化，总能耗不再增长，能源强度不断降低，新兴能源主要用来补充和逐步替代化石能源的增量部分。而相比之下，我国的资源禀赋和终端用能结构决定了以煤为主的能源结构和以火电为主的电力格局短期内难以改变，加上本身的技术和经济性约束，新能源在相当长时期内只能作为传统能源的补充。因此，我国既要着眼长远，又要立足当前，在积极发展新能源的同时，实事求是、科学谋划，进一步加大对传统能源的清洁化改造力度，确立以传统化石能源为主、新能源为补充的能源生产和消费结构，并行推动化石能源清洁化和清洁能源规模化。

优化能源结构的另一层含义是指，优化能源生产、转化、利用结构，推动能源供应体系综合变革。在能源供应结构上，逐步形成煤炭、石油、天然气、新能源、可再生能源多足鼎立的多元化格局；在能源使用结构上，

---

① 能源强度是指一个国家或一个地区、部门、行业每单位产值所消耗的能源量。

统筹考虑交通、化工、发电、工业等多个领域，发挥各种能源的比较优势，在能源替代上通盘考虑、系统优化；在能源转化结构上，要把握大电网与分布式电力系统并重的发展思路，形成安全可靠、经济高效、绿色智能的能源网络系统。

能源是经济大系统中的子系统。能源战略的实施不是孤立的，需要把"控总量、调结构"的方针与经济发展方式的转变、其他领域的改革联动起来。能源发展转型的过程关联着无数人的生活，涉及从生产到生活方式的转型、从经济到文化观念的变革，还受制于旧有观念和体制的惯性，这对国家的改革推进能力和综合治理能力提出了更高的要求。能源和环境作为最重要的公共产品，需要全社会协力的"整体性治理"。推进能源生产和消费革命，也是推进国家治理体系和治理能力现代化的重要内容。

4.3　加法、减法与乘法

近些年，对于能源这一国之大事，各方广泛关注，积极建言。围绕能源生产和消费革命，科学家们开展了重大课题研究，向相关部门上报研究成果；政府主管部门制定下发相关战略、规划、行动计划，作为行业指引；智库学者们潜心研究，呕心沥血，贡献成果。政府、学界和民间的合力逐渐汇聚，形成了推动能源生产和消费革命的巨大声浪。

综合各方面的观点和意见，从我国现实情况来看，开展能源生产和消费革命，建立现代能源体系，需要从供给、需求和体系运行3条路径加以推进，做好加法、减法和乘法，即推动增量革命、减量革命和效率革命，见图4-3。

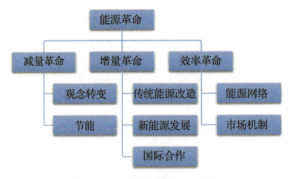

图 4-3　中国能源革命路径图

（资料来源：中国国际经济交流中心课题组）

首先，要做好"加法"，推动能源供给增量革命，建立多元供给体系。兼顾传统能源清洁化利用和新能源开发，形成煤炭、石油、天然气、新能源、可再生能源多轮驱动的能源供应体系。

其次，要做好"减法"，推动能源消费减量革命，抑制不合理的能源消费。有效落实节能优先方针，转变能源消费方式，把节能贯穿于经济社会发展的全过程和各领域。

最后，要做好"乘法"，推动能源体系效率革命，提高能源系统运行效能。构建由先进电网、智能网络、油气管网、能源运输通道等供给侧与需求侧联动、物理网与信息网并重的安全高效、智能绿色的现代能源网络，合理引导能源流向，提高网络运输效率。

4.4　战略路线图

2014 年 6 月，中央财经领导小组第六次会议提出，把推动能源生产和消费革命作为我国的一项长期战略。据此，国家发展改革委和国家能源局联合印发了《能源生产和消费革命战略（2016—2030）》（以下简称

《战略》），该《战略》可以被看作能源革命的具体路线图。

今后十几年，全球能源需求将持续增长，供需关系的基本面并没有根本改变。我国经济将处于增速换挡期，能源需求增速有可能逐步下降。我国能源自给率总体上保持在较高水平，但油气对外依存度持续上升，能源安全面临严峻挑战，能源开发利用带来的环境压力持续加大。世界能源科技创新进入活跃期，能源技术革命很可能发生目前难以预料的突破。世界各国进入能源战略调整期，致力于推动能源体系变革。可以说，从当前到 2030 年这段时间，是我国实现能源生产和消费革命的重要窗口机遇期。

《能源发展"十三五"规划》提出对能源消费总量和能源消费强度实施双控，要求到 2020 年，煤炭消费比重降低到 58% 以下，非化石能源消费比重提高到 15% 以上，天然气消费比重力争达到 10%。在此基础上，《战略》提出了进一步的能源革命目标：2021—2030 年，可再生能源、天然气和核能利用持续增长，高碳化石能源利用大幅减少（能源结构预测图见图4-4）；新增能源需求主要依靠清洁能源满足；二氧化碳排放 2030 年左右达到峰值并争取尽早达峰；单位国内生产总值能耗（现价）达到目前世界平均水平；能源科技水平位居世界前列。展望 2050 年，能源消费总量基本稳定，非化石能源占比超过一半，建成现代能源体系。

生活在一定时空环境里的人们，总会有一定的局限性。从眼前来看，我们会感到实现目标有挑战；但从更积极的意义来说，未来重塑中国能源体系的前景是值得期待的。能源转型具有长期性、复杂性和艰巨性，但方向和路径是清晰的，需要坚持不懈地努力。走出一条经济和环境双赢的新型能源发展道路，是当代中国人的历史使命。

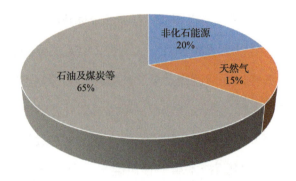

图 4-4　我国 2030 年能源结构预测图
（根据《能源生产和消费革命战略（2016—2030）》中的数据绘制）

4.5　"一带一路"新机遇

2017 年，首届"一带一路"国际合作高峰论坛在北京隆重召开，并从此成为常设性的主场外交活动。而这几年，国际能源形势的变化调整与"一带一路"倡议的深入推进，也在重塑中国对外的能源关系。

全方位加强国际合作，实现开放条件下的能源安全，是习近平总书记提出的"四个革命、一个合作"能源安全新战略的重要任务之一。在经济全球化背景下，参与国际能源大循环成为各主要经济体的共同选择，这也是维护一国能源安全的重要举措。

近年来，国际能源合作环境出现了新的变化。全球能源生产中心加速"西移"，能源消费中心持续"东扩"，地缘政治变化使能源合作环境更趋复杂。维护共同安全成为国际合作新理念，能源转型和应对气候变化成为国际能源合作主旋律，共建"一带一路"成为能源合作新亮点，国际能源治理成为能源合作新诉求。

中国人民大学国际能源战略研究中心曾经发布报告，总结了我国能源国际合作取得的主要成就：建立了多个油气国际合作区，涉及全球 33 个国家、100 多个国际油气合作项目，建成了中亚—俄罗斯、中东、非洲、美洲和亚太五大国际油气合作区；建立了对外能源贸易体系，形成了涵盖石油、液化天然气（Liquefied Natural Gas，LNG）、天然气、煤炭、铀矿为主的能源进出口贸易体系、运输方式和交易模式多元化；中国的能源公司国际竞争力极大提高，中国在国际能源舞台的影响力与日俱增。

2013 年，随着"一带一路"倡议的提出，我国的全球能源战略正式确立，对外能源政策也在逐步完善。"一带一路"框架为国际能源合作搭建了更为有效的对话平台，创造了更加良好的国际合作环境，有助于开启更加包容的全球能源治理新模式。

▶ 小档案

我国国际能源合作发展历程

起步期（1978—1992 年）：改革开放以后，我国开始进入市场开放、能源出口换取资金、技术和设备的"引进来"的国际能源合作阶段。

加速期（1993—2002 年）：我国成为石油净进口国，为了贯彻中央提出的"充分利用国内外两种资源、两个市场"的方针，开始实施"走出去"战略。

深入期（2003—2008 年）：充分运用能源外交手段，由国家主导，能源企业及其他非国家行为体参与，开展与能源相关的各种国际合作。

转换期（2009—2012 年）：金融危机后，油价低位徘徊，消费国在国际能源市场的影响力不断增强，我国在对外能源合作过程中的主动权不断提升，能源资源投资力度加大。

机遇期（2013 年以来）：提出"一带一路"倡议，这是我国首倡、高层推动的一个国家构想。能源项目是"一带一路"的重要支点，我国进行国际能源合作的目的已经不再只是获取能源本身，而是实现经济和环境的双重效益，成为建设人类命运共同体的重要依托。

随着"一带一路"倡议的逐渐推进，越来越多的中国企业乘着"一带一路"的东风，进入"走出去"的新阶段，不仅展现出投资、技术等方面的实力，也更加注重维护"一带一路"地区国家的能源安全、减少地区能源贫困、促进资源国基础设施建设、维护当地环境和社区建设等，展现了大国担当，体现了我国在能源发展理念上的创新，以及在国际能源事务上逐渐壮大的影响力。

本章参考文献

[1] 中国国际交流中心课题组 . 中国能源生产和消费革命 [M]. 北京：社会科学文献出版社，2014.

[2] 胡森林 . 能源大变局：中国能否引领世界第三次能源转型 [M]. 北京：石油工业出版社，2015.

[3] 张奇 . 我国能源生产和消费革命的挑战与展望 [J]. 国家治理，2018(33)：3-12.

[4] 许勤华 . 中国全球能源战略：从能源实力到能源权力 [J]. 人民论坛·学术前沿，2017(5)：62-68.

[5] 杜祥琬 . 对我国《能源生产和消费革命战略（2016—2030）》的解读和思考 [J]. 财经界（学术版），2017(9)：1-2.

第五章

与时间赛跑的油气

引子

石油工业曾经为新中国的经济发展做出了突出贡献，但在 21 世纪的今天，它面临着诸多新的挑战。例如，随着陆上多个油田开发进入中后期，国内油气增储上产压力逐步增大，我国石油工业是否还有能力保持稳产增产，为保障国家能源安全做出更多贡献？还比如，随着我国经济增速放缓、能效提升以及可再生能源的快速发展，我国是像发达国家那样拥有"油气时代"，还是会直接跳过"油气时代"，进入以可再生能源为主体能源的时代？甚至还有一些耸人听闻的声音认为，石油行业或许将比煤炭行业更快面临衰败的局面，是这样吗？石油行业要想在未来我国的能源供应体系中继续扮演重要的角色，它需要与时间赛跑，建立起相对于其他能源品种的竞争优势，保持自己的生命力。

在我国，石油和天然气的开发利用是一项古老而新兴的事业。说它古老，是因为在 1000 多年前的宋朝，人们就懂得石油的价值了。说它新兴，则是因为我国虽然拥有 1000 多年的石油利用史，但近代石油工业在 19 世纪中叶才萌芽，初期发展极其缓慢。1949 年新中国成立时，我国油气工业的基础还极为薄弱，新中国成立以后，石油和天然气才逐步成为我国现代能源生产的重要部分。

经过 70 年的大力发展，我国石油工业创造了举世瞩目的辉煌成就，推动我国迅速跻身于世界油气大国行列。2017 年，我国原油产量达 1.92 亿吨，天然气产量达 1487 亿立方米，分别是新中国成立初期油气产量的 1600 倍和 21 000 倍；截至 2017 年，我国建成油气长输管道总里程累计约 13.31 万千米；我国大陆地区的 LNG 接收站从"零"起步，截至 2017 年已经建成 20 座，接收规模为 7610 万吨 / 年……可以说，我国石油行业 70 年来的跨越式发展，为我国经济列车的快速前行源源不断地注入了能源"血液"。

5.1 对外依存度之忧

在刚刚过去的 2018 年，国际原油市场走势可谓一波三折。这一年先后发生了多个具有里程碑意义的事件，全球油气市场秩序正在发生重大变革和调整。这其中，中美两国原油对外依存形势的微妙变化引发了人们的广泛关注。

在 2018 年 11 月 30 日之前的一周内，美国每周出口的原油和石油产品超过进口，原油和石油产品的净出口量为 21.1 万桶 / 日，打破了 75 年来对进口石油的依赖，美国首次成为石油净出口国。就在同一年，我国正式成为全球最大的石油和天然气进口国。根据中国石油经济技术研究院的统计，2018 年底，我国原油对外依存度已升至约 70%，天然气对外依存度已升至 45%。预计未来一段时间，我国油气对外依存度仍将持续攀升。

在 21 世纪第一个 10 年的石油"超级周期"[①] 里，能源供应安全尤其是石油供应安全问题曾是一个举国瞩目的话题，引发了国人极大的焦虑和关注。此后，随着国际油价的逐步回落，关于能源安全的讨论趋于平静和理性，人们似乎已经习惯了我国是"原油进口大国"的现实。但 2018 年以来，随着我国油气对外依存度的再次攀升，以及国际地缘政治紧张态势的加剧，关于能源供应安全的讨论声再次响起。

有些人认为，我国原油对外依存度目前超过了国际社会公认的 65% 的警戒线，对我国能源安全造成了一定威胁，在紧急情况下，比如出现战争或地缘政治冲突时，有可能造成石油的供应危机，进而可能危及国家经济安全。但在另一些人看来，当前原油市场已经高度国际化，如日本、法国、德国和韩国等国的石油消费全部依赖进口，对外依存度基本上是 100%。近年来，印度的原油对外依存度也迅速攀升，2003 年就接近 70%，2012 年更是超过了 75%，因此原油对外依存度的提高也没什么"可怕的"。

应该说，这两种能源安全观支持者的出发点不同，也各有自己的逻辑支撑，没有绝对的对与错，只是在不同时段里看谁的主张更符合当时情形和民众心理，谁的声音就会更强烈一些。

在讨论中，很多人把能源安全简单地等同于石油安全。如果从能源总

---

① "超级周期"是指在相当长的一段时间内，大宗商品价格一反常态，出现长期且大范围的上涨。

体对外依存度的指标看，我国能源供应总体安全稳定。数据显示，2017 年我国一次能源消费总量为 44.9 亿吨标准煤，有 9 亿吨标准煤的能源依赖进口，能源总体对外依存度约为 20%，与欧盟超过 50%、日本接近 90%、土耳其超过 70% 相比，仍处于较低水平。

从大家普遍关注的能源安全的薄弱环节——石油安全来看，我国近年来在油气进口渠道多元化上也取得了积极进展。中国工程院院士黄维和撰文指出，我国自 1993 年实施油气"走出去"战略以来，经过 20 多年的发展，已在五大洲 41 个国家建立了五大油气合作区，初步构建了东北、西北、西南和海上四大油气进口战略通道。我国原油进口地更加多元化。

从理论上说，从能源供应安全的视角看，我国的能源安全总体上是"敏感而不脆弱"的。特别是在油气供应日益全球化、市场化的今天，供应方和需求方往往都是互相依存的关系，维持供应的稳定对供需双方都是最优选择，符合各方利益最大化的需要。

然而，理论与实践之间总是存在一些差距。我们必须清醒地意识到当今世界并不太平，大国之间的博弈往往会超出市场的范畴，对能源供应安全的担心也不完全是"杞人忧天"，完全指望利用市场机制去解决问题也可能会过于"理想化"。

从近年来我国能源供应安全的实际情况看，能源供应风险在局部地区和局部时段仍然存在。特别是在天然气供应上，考虑到天然气消费和供应市场远不如石油市场成熟，加上天然气消费量因季节变化而出现巨大"峰谷差"、天然气基础设施布局不足等多个因素，在今后一段时间天然气供应安全问题将比石油供应安全问题更加突出，2017 年冬发生的全国大范围"气荒"就是鲜明的例证。

其次，审视能源安全不应仅从供应安全的角度出发，环境安全也应是审视能源安全的重要切入点。从这个角度看，我国能源环境安全总体形势仍然不容乐观。从近年来"煤改气"的实践可以看到，天然气供应安全实际上是我们在追求更高层次的"能源环境安全"过程中的伴生问题。尽管我国能源总体对外依存度仅为20%左右，但我们的底气在于国内有丰富的煤炭资源，其中有一些煤炭资源未必是我们真正想动用的资源。试想，一旦外部天然气供应出现中断等局面，煤炭消费可能不降反升，进而对空气质量的改善带来压力。

能源价格安全问题也应是能源安全的重要组成部分。还是以天然气为例，尽管过去几年亚洲的天然气价格已经大幅下滑，但是"亚洲溢价"依然明显存在。未来一段时间，尤其是冬季保供时，天然气市场供应仍将保持趋紧态势。预计冬季保供时期的LNG现货价格将会攀升，我国"买家"在未来一段时间内都将面临价格上涨的压力。

国人的能源安全观念也应随着时代发展而与时俱进，不断被赋予新的内涵。从能源产品的稳定供应、价格可接受度、是否清洁环保等多个维度进行考察和衡量，我们对能源安全需要有清醒的认识和长远的考虑。

从供应安全的角度看，我们应借鉴美国"能源独立"的思路，坚持立足本土，加大国内油气勘探开发的投入力度。同时还应高度重视油气战略储备，特别是要加大天然气储备能力建设，补齐天然气储备短板。

从环境安全的角度看，中短期内石油和天然气仍是我国相对优质高效的能源，但考虑到我国原油和天然气对外依存度已分别达70%和45%，所以更应该发挥好各种能源的比较优势，将宝贵的天然气多用于民生（替代散煤燃烧）、工业和电力调峰等领域，实现天然气利用的环境效益最大化。同时，也要加快发展风能、太阳能、地热、生物质等各类可再生能源。

从价格安全的角度看，在当前国际油气市场总体供大于求的背景下，我国作为"超级买家"的重要性日益凸显，如何在国际大卖家之间"折冲樽俎"，放大购买力优势，是一个值得思考的问题。在全新的资源供应形势下，"买家"和"卖家"已成为休戚与共的命运共同体，我国完全可以发挥"关键买家"的优势，推动不同国家间的资源供应竞争，谋求最优的资源价格，实现自身利益最大化。

5.2 石油消费峰值何时到来

国内能源学者陈卫东曾经提过 3 个"能源消费峰值"的概念，即中国"煤炭消费峰值"、美国"石油消费峰值"和欧洲"天然气消费峰值"。[②] 从近年来的情况看，美国的石油需求基本上稳定在 2000 万桶 / 日的水平；欧洲的天然气消费从 2010 年开始逐步下滑；我国的煤炭消费基本上进入平台期，维持在 35 亿吨左右。这 3 个峰值实际上反映的是这 3 个地区因所处发展阶段不同而展现出的差异化能源消费特征。

那么，我国的石油消费峰值何时到来？从过去 10 年我国石油消费增速的情况看，截至目前我们还没有看到峰值到来的迹象。中国石油经济技术研究院发布的报告显示，2017 年，我国石油表观消费量约为 5.88 亿吨，增速为 5.9%；2018 年，达到 6.25 亿吨，增速为 6.3%，与 2007—2017

---

② 参考中国电力网 2016 年 11 月 24 日的文章《全球能源转型进入加速期》。

年年均 5.2% 的增速相比，依然非常强劲。

　　从国际比较视角也可得出我国石油消费尚未见顶的结论。咨询机构伯恩斯坦曾经从多个维度对此进行了分析比较。例如，从人均石油消费量的角度看，我国人均石油消费量远低于发达国家水平和世界平均水平，人均消费 3.4 桶石油，只占世界人均消费量的 63%。从石油消费占一次能源消费结构的比例看，目前我国石油消费在一次能源消费结构中占比为 19%（世界各国石油消费占一次能源消费比例可参见图 5-1），如果达到 IEA 预测的 2040 年全球石油消费占比的 29%，预计我国石油需求将增长至 2300 万桶 / 日。此外，无论从大宗商品消费占全球的比例看，还是从石油强度的角度看，都能得出类似的结论。

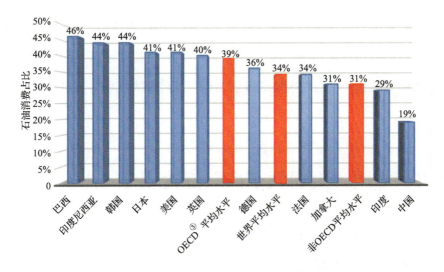

图 5-1　世界各国石油消费占一次能源消费比例

（资料来源：伯恩斯坦）

③　OECD，Organisation for Economic Co-operation and Development，指经济合作与发展组织，简称"经合组织"。

英国石油公司（BP）和 IEA 等多家机构预计，我国石油需求将从目前的 1200 万桶 / 日增长至 2040 年的 1500~1600 万桶 / 日（峰值将在 2030—2040 年出现）。而根据国内相关机构的研究，在全社会大力提倡节约和鼓励发展替代能源的前提下，我国石油消费有望在 2025—2030 年达到峰值（年均增长率低于 1%），2040 年开始缓步下降。

总体上看，如果参照其他国家的发展情景，在没有激进政策引领或者重大技术突破的背景下，在未来 20 年内我国石油消费仍有增长空间。但是增长趋势如何，在什么时候达到峰值，这些问题显然还存在较大的不确定性。

或早或晚，我国石油消费峰值终将到来，这是可预见的事实。石油消费峰值到来也将对国内石油行业的发展带来深远影响，特别是会对国内炼油化工行业的发展带来较大冲击。鉴于目前国内年炼油能力已经超过 7 亿吨，政府应合理控制新增产能、加快淘汰落后产能，鼓励建设大型石化基地。国内炼油企业也应积极推动发展转型，从"做大规模"向"结构调整"转变。

5.3 中国"页岩气革命"能否诞生

2019 年 4 月 3 日，全球石油生产的"巨无霸"沙特阿美公司披露，该公司在 2018 年实现净利润 1110 亿美元，超过了苹果公司和埃克森美孚公司的净利润总和，但其所属世界最大油田——加瓦尔油田的产量仅为 380 万桶 / 日。这意味着，美国二叠纪盆地油气田已经凭借 410 万桶 / 日的产量成为世界最大油气田。

因为美国页岩气革命的成功，美国天然气产量在过去 10 年间增长了将近 3000 亿立方米，美国已经成为全球第一大天然气生产国。而近年来美国油气生产开始逐步从页岩气向页岩油迈进，二叠纪盆地的发现更是揭示了该国页岩油资源的巨大潜力。二叠纪盆地是美国得克萨斯州西部和新墨西哥州东南部的大型沉积盆地，包括 3 个相互连接但又互不相同的沉降区。该盆地疏松多孔的二叠纪礁体中聚集了丰富的石油天然气矿藏，是美国三大页岩油气产区之一。与其他页岩盆地油气田相比，二叠纪盆地油气田具有成本低、产量高、效益好的优势，而且整体开发还未步入成熟期，储量和产量还有很大的提升潜力。

可以预见，二叠纪盆地油气田对美国能源的未来至关重要。一些业内人士表示，"如果美国能实现能源独立，那应归功于二叠纪盆地油气田"。美国 2018 年原油产量达到 1096 万桶 / 日，同比增长 17%，创下 1970 年以来的最高水平。专家预计，二叠纪盆地油气田将带动美国页岩油气新一轮的产量增长，有力推动美国石油天然气生产再上新台阶。

美国如火如荼的"页岩气革命"也点燃了位于大洋彼岸的中国的热情，令我国很多能源从业者备受鼓舞。根据 2015 年我国国土资源部资源评价的最新结果，我国页岩气技术可采资源量为 21.8 万亿立方米，具有较大的开采潜力。

经过近几年的探索，我国页岩气的勘探开发已取得初步成果，页岩气已被列为独立矿种，科技攻关也取得一定进展，财政部、国家能源局也出台了页岩气开发利用的补贴政策。两轮探矿权招标的探索为完善页岩气矿权竞争性出让和建立矿权退出机制积累了有益的经验；多种性质的市场主体合资、合作开发模式也为页岩气投资提供了有益的经验。

但是也必须看到，页岩气开发并非原来想象的那样乐观。与之前的热度相比，经过近几年的摸索，我国发展页岩气的脚步稍有放缓，变得更加稳健和理性。国家能源局于 2016 年 9 月发布了《页岩气发展规划（2016—2020 年）》，这个规划与原有规划相比，在目标设定上更加务实，提出 2020 年力争实现页岩气年产量 300 亿立方米，2030 年力争实现页岩气年产量达到 800 亿 ~1000 亿立方米。

我国与美国相比，开发页岩气面临 3 项重大挑战。

第一个是能源体制问题。美国"页岩气革命"中有大量中小企业充当先锋。美国资深专家评价道，如果美国没有众多小公司参与，仅凭埃克森美孚、雪佛龙等大型公司，美国页岩油气产业的发展绝不会这么快。而我国能源体制市场化程度还需要进一步发育，天然气勘探开发、供气、输配、管网及销售领域的市场参与者有限，页岩气的资源优势还没有充分释放。

第二个是地质条件问题。美国页岩油气层深度相对较浅，单层厚度大、基质渗透率高、成熟度适中，考虑到页岩的脆弱性，较其他国家的页岩油气更容易开采一些。我国页岩气储量理论上很高，但地质条件开采难度大，开发成本也相对较高。一些专家认为，美国页岩油气层深度为 800~2600 米，我国页岩气则埋藏在 1500~3500 米的深度，页岩气埋藏深带来开采难度大、成本高的问题，短期内无法满足国内的大量需求。

第三个是技术问题。美国"页岩气革命"的成功得益于水平钻井和水力压裂技术的成熟和广泛应用。页岩气作为非常规天然气的一种，存储于孔隙率和可渗透率较低的页岩中。由于无法顺利离开烃源岩形成气田，需要以外力将页岩压裂碾碎才能抽出气体。而我国在压裂液和水平井多段压裂技术等方面与美国尚有一定差距。此外，美国目前采用的水平井压裂技术对水资源的依赖过大，我国页岩气储区多分布于水资源匮乏的西北地区，页岩气的开发不仅难度加大，还将加剧当地水资源短缺的矛盾和环境污染的风险。

对于我国而言，在常规天然气资源有限、没有新的重大气藏发现的情况下，非常规天然气将成为今后发展的重点。但我国不能简单复制美国的"页岩气革命"，只能借鉴其成功经验，结合具体实际，走出自己开发页岩气的道路来。

本章参考文献

[1] 林益楷 . 能源大抉择：迎接能源转型的新时代 [M]. 北京：石油工业出版社 , 2019.

[2] 林益楷 . 全球石油市场格局猜想 [J]. 能源评论 , 2019(3): 52-55.

[3] 张荣楠 . 中国能够复制美国页岩气革命吗？ [J]. 发展研究 , 2013(6): 24-26.

第六章

解放"第一生产力"

引子

经过长期发展，我国已成为世界上最大的能源生产国和消费国，形成了煤炭、石油、天然气、电力、新能源、可再生能源全面发展的能源供给体系，技术装备水平明显提高。但同时，我国也面临着能源需求压力巨大、能源供给制约较多、能源生产和消费对生态环境损害严重、能源科技水平总体落后等问题。在新一轮能源转型的大背景下，积极把握世界能源技术的发展趋势，提高能源技术的创新能力和装备制造水平，释放科技"第一生产力"的作用，通过能源技术革命促进能源生产和消费模式的转变，已成为我国能源产业的迫切选择。

　　一百多年前，马克思提出的"科学技术是生产力"的科学论断，成为马克思主义政治经济学说的一个组成部分。1988 年 9 月，邓小平根据当代科学技术发展的趋势和现状，提出了"科学技术是第一生产力"的论断，体现和发展了马克思主义的生产力理论和科学观。

　　新中国成立以来，我国能源行业发生了前所未有的重大变化，发展质量不断提升。能源行业的发展既是能源技术、装备水平不断进步的结果，也是推动能源技术装备不断升级的重要动力。

6.1　国产化的机遇与挑战

　　许多喜欢玩电子游戏的人都玩过"贪吃蛇"这款游戏。这款红极一时的经典小游戏曾经伴随游戏机、手机等载体走向世界，成为许多人抹不去的童年记忆。

　　在石油领域，一群技术专家们也喜欢玩一个名叫"贪吃蛇"的"游戏"，不过他们不是在游戏机或手机上玩，而是把它用在了地层深处。

　　这款"贪吃蛇"全称叫"随钻测井及旋转导向钻井系统"，是中国海洋石油集团有限公司（以下简称中海油）开发的国产化测井和钻井技术装备，它可以下海入地，能够实现类似于"3D 版贪吃蛇"的运行轨迹调整，引导钻头像"3D 版贪吃蛇"一样，在地下几千米的坚硬岩石里自由穿行，并准确命中油气藏目标。

　　作为世界上最先进的钻测井技术，"贪吃蛇"钻井系统（见图 6-1）打破了国际跨国公司在这一技术上的垄断地位。虽然它在社会上的名气不大，但在石油界几乎是人人皆知。它的诞生背后有着一段鲜为人知的辛酸历史。

图 6-1 中海油"贪吃蛇"系统照片

（李佑坤／摄）

油气田开发像是在做一道时效与成本的"计算题"，即如何在已知地下油气储层位置的情况下，用最小的成本和最快的速度完成钻井服务。换句话说，如果想开采"物美价廉"的油气资源，就必须用最少的井位完成最大范围的储量开采，并以最少的起钻次数实现最短的钻井周期。

面对时效与成本的难题，全球的油气公司不约而同地选择了定向钻井技术。由于海上大斜度井、水平井居多，旋转导向系统就派上了用场。旋转导向系统的精准制导可以大大降低综合开发成本，实现油气田资源开发价值最大化。

这种定向钻井技术和旋转导向系统长期被美国的油田技术服务公司垄

断。根据全球范围的作业量统计，2014 年这两项技术至少为相关公司带来了 200 亿美元的收入。仅中海油一家公司，"十二五"期间，在油气勘探开发中就向外方支付了 50 多亿元的服务费。

为了摆脱受制于人的局面，中海油田服务股份有限公司在国家 863 计划的支持下，历经艰辛，攻克难关，终于突破了技术瓶颈，形成了具备自主知识产权的商标、系统技术和装备体系。

经过"十年磨一剑"的刻苦攻关，2014 年 11 月 4 日，中海油自主研发的旋转导向系统 Welleader 和随钻测井系统 Drilog 联袂完成了海上作业，一趟钻完成了 813 米定向井段作业，成功命中 3 处靶点。

如今，中海油"贪吃蛇"钻井系统的作业地点已经遍布我国渤海、东海、南海东部、南海西部等海域，以及大庆、东营、四川、重庆、青海等陆地区域。

中海油"贪吃蛇"钻井系统的诞生和发展，是我国能源装备突破国际技术垄断、寻求国产化的一个缩影。多年来，尽管我国对外开放的大门越开越大，但是，最前沿、最先进的关键核心技术是买不来的。西方发达国家对我国总想"留一手"，不给我们先进的机器设备和关键技术，其目的十分"纯粹"，就是要通过维持技术的垄断和领先地位，获取超额利润。

张国宝曾经一针见血地指出："随着中国越来越强大，外国对我们的戒心越来越大，不像在 20 世纪 80 年代初的时候他们对我们没什么戒心，认为你们中国不可能怎么样。但是现在他们看见中国创造能力太强了，在这种情况下，一些高端技术真的要靠自己的力量去研发。"

这也意味着，对于先进的技术和装备，我们不能心存"等、靠、要"的幻想，而要把希望寄托在国产化上。

▶ 小档案

西气东输与国产化

建设西气东输一线工程时，假如 X70 和 X80 钢材没能实现国产化，西气东输工程的采购成本将不可能比原计划减少 30%，国内油气管道被国外大型钢铁企业垄断的历史也根本不会被改写；假如我国没能成功研制 2 兆瓦的全功率变流器，那么 ABB 集团生产的变流器产品价格绝不可能在 8 个月内下降 150 万元，我国单位千瓦风电机组价格也不会在几年内从近万元降低到不足 4000 元。

早在 20 世纪 80 年代，国务院已经着手组织了机械、电力、冶金、石化、铁道、交通、水利、纺织等 10 多个部门，对核电、三峡水利枢纽、大型火电、超高压输变电、大型露天矿、大型冶金、大型乙烯、大型化肥、大型煤化工、沙漠及海上石油钻采、北煤南运等重大工程所需的关键设备进行攻关，拉开了跨部门大协作、共同搞好重大技术装备国产化工作的序幕。

经过多年的不懈努力，能源装备国产化已经取得了巨大的进步和突破。例如，依托"三峡水利枢纽工程成套设备"的研制，我们从只能设计制造 32 万千瓦的水电机组，一跃到能实现 70 万千瓦特大型水电机组设计制造的全部国产化；从只能担当三峡工程机组制造的"配角"，到成为右岸机组独立承包商、国内装备制造企业，与国际跨国公司同台竞技。此外，年产千万吨级的大型露天矿成套设备、大型火力发电成套设备、超高压交流和直流输变电成套设备等项目也纷纷顺利完成。

我们也要看到，我国在许多高端能源装备核心技术领域仍受制于人。一方面，我们拥有自主知识产权的技术和自主品牌的产品比较少，很多高端产品的核心技术我们还没有掌握。另一方面，我国在关键部件方面发展滞后，主机也面临空壳化发展，高端装备的元器件等依然依赖进口。此外，装备领域的龙头企业无论是规模还是技术创新能力，都与欧美大集团有着差距。

当今世界，能源行业已成为国际政治、金融、安全博弈的一个焦点。面对新形势、新变化，能源板块加快解放"第一生产力"，不断提升技术装备国产化水平，既是机遇，也是挑战。

6.2　重大工程助推装备发展

没有专业的水电设备厂，水电设备产量低，生产的水电机组容量小、技术经济性差……这是新中国成立以前水电设备工业落后的真实写照。

随着我国水电事业的发展壮大，水电设备工业的发展也不断迈向新的高度，刘家峡、龙羊峡、岩滩等一批单机容量30万千瓦级机组的投入运行，以及单机容量40万千瓦的李家峡水电站和单机容量55万千瓦的二滩水电站的顺利投产功不可没。

值得一提的是，以三峡工程为平台，我国坚持"技术转让、消化吸收、自主创新"的伟大实践，开创了自主设计、制造、安装特大型水轮发电机组的新时代，水电装备全产业链实现国产化，只用了短短的7年时间就走完了其他国家30年的发展历程。

三峡工程引进技术、自主创新的成功实践证明，重大工程是我国电力设备行业实现技术进步的主要推动力。改革开放以来，我国围绕清洁能源、电力、油气、煤化工等多个重点领域发展国产化装备，及时展开能源技术示范，加快先进技术装备的推广应用，取得了突出效果。

以普光气田为例。早在 2006 年 4 月，我国就在四川省东北部发现了当时我国最大的海相整装气田——普光气田，由此拉开了"川气东送"工程的宏伟序幕。2007 年 8 月 31 日，"川气东送"工程在四川普光正式奠基开工；2010 年 3 月 29 日，"川气东送"工程建成投产。整个工程西起四川达州，跨越四川、重庆、湖北、江西、安徽、江苏、浙江、上海，管道全长 2229 千米，成为继"西气东输"工程之后我国兴建的又一条能源大动脉。

用国产化装备来建设国家重点工程是"川气东送"工程的一项标志性成果。普光气田是我国开发的第一个高含硫气田，硫化氢平均含量约 15%。摆在"川气东送"工程面前的一个难题，是国内企业在生产抗硫设备材料方面经验不足、技术薄弱，而国外产品的价格昂贵，供货周期长，且服务质量很难保证。

为此，中国石油化工集团有限公司（以下简称中石化）果断提出实施抗硫设备材料国产化，先后组织设计、制造和科研的相关单位编制了攻关方案，进行了专家论证，依托普光气田工程项目，实施抗硫阀门等一系列重要设备材料国产化方案，制造了一系列具有自主知识产权的新产品以及一批重大的石油装备、管材。这不仅大幅度节约了采购资金，缩短了供货周期，还提升了现场服务水平，确保了工程建设的顺利进行。

"川气东送"建设工程的装备国产化率达到 85% 以上（部分重大装备国产化项目情况见表 6-1），且国产化装备的运行稳定性也丝毫不逊于进口装备。仅通过高抗硫镍基合金油管、抗硫碳钢阀门等重要物资的国产化，就节约投资成本 23.77 亿元。

表6-1 "川气东送"建设工程部分重大装备国产化项目情况

重大装备国产化项目	作用
高镍基合金油管项目	提升了我国超高合金油井管的制造技术水平，确保了我国高酸性、高腐蚀性气田的安全、高效开发
大口径管道材料项目	提升了我国管道建设所用钢管、弯管的技术含量和经济附加值，加快了我国钢铁企业的自主创新步伐，推动了民族钢铁工业的发展
2500 型压裂机组项目	解决了我国深层、高压油气资源勘探开发难题，也使江汉四机厂的技术水平得到了很大提高，提升了国际竞争力，增加了压裂机组在国际市场的份额
大型硫黄回收余热锅炉项目	充分发挥了"产学研"相结合的优势，突破了众多攻关难点，取得了重大成果，使用情况良好

资料来源：《经济日报》。

更重要的是，装备国产化有力地推动了我国石油装备产业升级和结构调整，对于带动装备制造业振兴和保证国家能源经济安全都具有重要意义。

重大工程是检验一个国家科技创新能力的重要舞台。在这个舞台上，应该给国内企业创造更加开放和广阔的竞争平台，为它们创新成果的工业化试验和产业化创造更好的环境，从而将更多具有自主知识产权的创新成果和国产化装备运用到经济建设中去。

以国家能源集团宁夏煤业集团有限责任公司（以下简称国能宁煤）的煤制油项目为例。该项目投资规模超过 550 亿元，工艺设备总台（套）数为9245 台（套）。这么大规模的投资自然少不了各式各样的"大家伙"。是采用进口设备，还是采用国产设备？一般来说，很多项目业主为了规避建设风险，往往会选择有实力的制造商，甚至不惜花高价从国外进口，也不愿意选用国产设备，以避免设备出现故障，造成工期延误或项目损失。

　　不过，此前与国外公司谈判中的种种遭遇，让国能宁煤清醒地意识到，如果不掌握核心技术，在今后的发展中仍然会处处受制于人。国能宁煤下定决心，誓要打破国外垄断，为国内的科技创新和民族工业的发展争口气。

　　为此，国能宁煤煤制油项目承担了 37 项重大技术、装备及材料自主国产化任务，国能宁煤建成了国家重大示范型实验基地（其丁二烯装置如图6-2 所示）。一批国内装备制造企业敏锐地抓住这一重大机遇，迅速聚集到宁东，参与项目建设。而事实上，这一项目也为一批民族企业搭建起了迈向世界级舞台的桥梁。

图 6-2　国能宁煤丁二烯装置

（宁宣 / 摄）

　　杭州杭氧股份有限公司为国能宁煤的煤制油项目研发试用的 10 万标方 ① 级大型空分成套设备，1 小时生产的氧气可充满 14 座北京奥运"水立方"。这套设备已成为目前世界上最大的单机容量制氧装置，该公司也因此

---

① 标方，即标准立方英尺，1 标方 = 0.028 316 8 立方米。

一跃成为世界空分强企。北方重工集团在国能宁煤的煤制油项目中承担了"超级 P91 高端钢管"技术攻关，产品价格比国外进口产品低了 70%，交货期仅 90 天。

资料显示，国能宁煤煤制油项目"国家示范实验室"的作用得到了极大的发挥，按工艺技术、装备台（套）数统计，国产化率达到 98.5%；按投资额统计，国产化率达到 92% 以上。这助推了民族装备制造企业跨越式发展，缩短了国产技术与国际先进技术的差距，加快终结了进口产品的暴利时代，在一些领域实现了技术逆袭，使中国制造扬眉吐气。

从核电机组关键设备到重型燃气轮机、从特高压输变电设备到天然气长输管道建设……我国一大批先进的能源装备实现了中国制造，并在国际市场站稳了脚跟。越来越多的中国能源企业初步具备了与国际知名企业同台竞技的能力。这一切，与装备实现国产化密不可分。未来，我国还将进一步完善产业政策，健全体制机制，强化行业管理，推动重大工程实施建设与关键设备国产化齐头并进。

6.3　技术突破带动产业发展

如果时光倒流 20 年，有人跟你说"煤炭开采可以实现智能化、无人化"，想必你会一笑而过。

然而，这个曾经看似不可能的事情如今已经成为现实。越来越多的煤炭企业已经把智能开采作为发展方向，并积极开展煤矿地理信息系统（Geographic Information System，GIS）、井下物联网系统、煤矿现场总线、矿井移动设备无线接入、综采成套装备智能系统、大型固定设备无人值守等创新研究，实现了多个生产环节的自动化，使煤炭这个曾经给人"傻大黑粗"印象的行业悄然换上新装。

根据中国煤炭工业协会副会长刘峰的观点，煤炭行业正在或将从 5 个方面提升智能化水平：在横向覆盖范围方面，从单个工作面向单个煤矿，再向煤炭企业集团甚至整个矿区延伸；在产业链延伸方面，从煤炭生产的数字化向煤矿生产经营的数字化，再向煤化工、煤电、物流等整个产业链的数字化延伸；在应用系统集成程度方面，从专业系统集成向部分业务局部集成，再向相关系统全面集成应用拓展；在操作手段方面，从人工近距离操作向远程遥控，再向系统自适应调控延伸；在发展层次方面，从技术应用向更高层次的创新商业模式提升。[②] 可以预见的是，随着煤矿智能化实现从点的突破到系统能力的提升，煤矿生产也将向更安全、更高效、更集约的方向不断发展。

作为一个煤资源相对丰富的国家，我国适度发展煤化工是有必要的。而煤化工要实现高质量发展，关键要依托技术创新与突破。兖矿集团位于陕西榆林的 110 万吨 / 年煤间接液化工业示范项目（见图 6-3），是我国第一套采用自主知识产权技术建设的同类示范项目。

这一项目的主要工艺是以煤炭为原料，经过水煤浆气化，净化气体后，通过技术工艺流程，生产出柴油、石脑油、液化石油气等产品。在生产油品和化学品的同时，利用合成尾气驱动燃气轮机联产电能，从而提高煤液化过程的整体能源和资源利用效率，实现高碳资源低碳化、产品种类多元化、过程效率最优化和经济效益最大化。

---

② 参见刘峰 2019 年 5 月在全国煤矿薄煤层智能开采现场推进会上的讲话《科技创新驱动 智能开采引领 大力推进煤炭工业高质量发展》。

图6-3 位于陕西榆林的110万吨/年煤间接液化工业示范项目

（资料来源：兖矿集团）

神华鄂尔多斯煤制油分公司的煤制油项目的技术攻关艰难而曲折，从当时的神华集团筹建国内第一条煤直接液化商业化生产线到2010年实现煤直接液化的商业化运营，整整用了15年的时间。

最初筹建这个项目是在20世纪90年代，那时国内还没有关于煤制油的成熟技术和模式。在前期研发中，当时的神华集团也试图从国外直接引进技术。不过，由于种种原因，进展并不顺利。为了使煤制油尽快实现工业化生产，神华集团开始了自主研发的尝试。随着一道道难关被攻克，无机化工、煤化工、石油化工等技术最终被融合在了一起。2004年，神华集团启动了第一条煤直接液化商业化生产线的示范工程建设；2008年12月30日，示范工程一次试车成功。

经过几年试车运行，鄂尔多斯煤直接液化示范工程核心装置实现了长周期稳定运行、水资源消耗降低、能源转化效率等各项技术经济指标持续提高，并于 2010 年进入商业化运营。

此外，近年来，我国在煤气化、煤化工联产和碳化工等领域的研究开发取得重大进展。煤炭领域的技术发展是我国能源技术发展的一个缩影，相继形成了一批拥有自主知识产权的新技术、新工艺，一批大型项目已经建成并投入运营，推动了能源产业转型升级，并不断向新水平迈进。

6.4 加快释放"第一生产力"

随着新一轮工业革命的兴起，应对气候变化日益成为全球共识，能源转型加快推进，能源技术正在成为引领能源产业变革、实现创新驱动发展的原动力。

当前，以新兴能源技术为代表的新一轮科技革命和产业变革正在兴起，并将持续改变世界能源格局。非常规油气和深水油气、化石能源清洁高效利用、可再生能源、智能电网、安全先进核能等一大批新兴能源技术正在改变传统能源格局。

传统能源的清洁高效开发、转化、利用成为主要发展趋势。可再生能源发电与现代电网的融合成了世界能源可持续转型的核心。核能利用的关键是安全，不断完善的第三代核电技术已逐渐成为新建核电机组的主流，第四代核电技术、模块化小型堆技术、先进核燃料及其循环利用技术正在快速兴起。

在战略层面，世界各能源大国和经济体均制定了政策措施（见表 6-2）来加强技术创新，积极部署发展清洁能源技术，着力改善能源产业结构，以开辟新的经济增长点。

表6-2 世界几个主要经济体的能源战略

主要经济体	战略纲领	主要内容
欧盟	《2050 能源科技路线图》	以太阳能、风能、智能电网、生物能源、碳捕集与封存、核聚变以及提升能效等为主攻方向的发展思路，突出可再生能源在能源供应中的主体地位
日本	《面向 2030 年能源环境创新战略》和《能源基本计划》	能源保障、环境、经济效益和安全并举的方针，继续支持发展核能，推进节能和可再生能源，发展储能技术，规划绿色能源革命的发展路径
美国	《全方位能源战略》	出台提升能效，发展太阳能、第四代和模块化小型堆核能等清洁电力新计划

资料来源：《能源技术创新"十三五"规划》。

国家信息中心专家牛犁等人在一篇文章中指出，纵观全球能源技术发展动态和主要能源大国推动能源科技创新的举措，可以得到以下结论和启示：一是能源科技创新进入高度活跃期，新兴能源技术正以前所未有的速度加快对传统能源技术的替代，对世界能源格局和经济发展将产生重大而深远的影响；二是绿色低碳是能源科技创新的主要方向，重点集中在传统化石能源清洁高效利用、新能源大规模开发利用、核能安全利用、能源互联网和大规模储能技术、先进能源装备及关键材料等领域；三是世界发达国家均把能源技术视为新一轮科技革命和产业革命的突破口，制定了各种政策措施抢占发展制高点，以增强国家竞争力并保持领先地位。

面对能源供需格局的新变化、国际能源发展的新趋势，要为国家经济社会的发展提供安全、绿色、高效的能源供给，就必须将推动能源生产和消费革命这一措施落到实处。在技术革命方面，要立足我国国情，紧跟国际能源技术革命新趋势，以绿色低碳为方向，分类推动技术创新、产业创新和商业模式创新，并同其他领域的高新技术紧密结合，把能源技术及其关联产业培育成带动我国产业升级的新增长点。

专家建议，我国应在能源技术领域积极推进国际合作，广泛开展双、多边合作与交流，加强与发达国家和地区在先进核能、高效储能、高比例可再生能源消纳、非常规油气开发、先进能源材料、碳捕集与封存利用、燃气轮机等领域的合作，提高我国在相关领域的技术水平；应紧密结合国家战略，完善能源相关政策，提升能源技术装备的国产化水平和市场竞争力；还应建立能源装备出口服务机制，充分利用我国在新能源、大型水电、输配电、煤炭深加工、清洁燃煤发电等领域的优势地位，依托重大工程建设和政府合作平台，结合"一带一路"建设，支持我国能源技术走出去。

本章参考文献

[1] 李海光. 绝不比造一枚导弹简单——中海油"贪吃蛇"成型记 [J]. 国企管理，2015(12): 60-63.

[2] 张国宝. 筚路蓝缕——世纪工程决策建设记述 [M]. 北京：人民出版社，2018.

[3] 林火灿. 不断提升国产化装备的运行质量 [N]. 经济日报，2010-08-31(12).

[4] 赵博，李欣智. 铸国之重器挺民族脊梁——重大能源装备国产化之路 [N]. 中国电力报，2014-02-17(1).

[5] 经济日报采访组. 煤制油：创新是最好的催化剂 [N]. 经济日报，2017-06-15(10).

[6] 牛犁，王柏苍，闫敏，等. 替代能源发展对我国石油需求影响分析 [J]. 石油科技论坛，2017, 36(3): 7-15.

第七章

能效是最大的能源

引子

推进能源生产和消费革命，有助于我国在促进经济发展的同时，摆脱资源环境瓶颈的制约，走出一条经济增长与能源发展的双重优化之路。而贯穿于消费革命、供给革命、技术革命和体制革命"四大革命"中的一条主线就是提升能效。可以说，提升能效是一场看不见的"能源革命"。我国的能效现状不容乐观，如果能大幅提升整体能效，就可用更少的能源消耗支持经济更好地发展。能效成为重要的"隐形能源"意味着全社会要把能效的提升放在更加重要的位置。

2019 年 2 月，北京市发展和改革委员会公布了 2018 年北京市能效
"领跑者"单位名单（见表 7-1）。很多人不太了解能效"领跑者"是什么，
有何作用。事实上，从 2014 年开始，我国就正式启动实施能效"领跑者"
制度，核心是以"竞相领跑、激励后进"的方式，促进企业节能技术的进
步。能效"领跑者"制度实施范围包括终端用能产品、高耗能行业、公共
机构，将以同类可比范围内能效最高的产品、企业或单位作为标杆，给"领
跑者"一定的政策扶持，引导追随者追逐较高的能效标准，推动终端产品
能效水平不断提升。这也是运用市场化机制推进节能工作的重要手段，被
看作"没有财政补贴的产业新政"。

表7-1   2018年北京市能效"领跑者"单位名单

序号	行业	单位名称
1	燃气发电	大唐国际发电股份有限公司高井热电厂
2	供热	北京市热力集团有限责任公司
3		北京纵横三北热力科技有限公司
4	宾馆饭店	北京新华联丽景湾酒店有限公司
5		北京永兴花园饭店
6	文法财经大学	对外经济贸易大学
7		北京物资学院
8	理工综合大学	北方工业大学
9		北京林业大学
10	医院	首都医科大学附属北京友谊医院

资料来源：北京市发展和改革委员会网站。

长期以来，能源问题一直是我国国民经济发展中的热点和难点。今后几十年是我国工业化和城镇化的关键时期，能源生产与消费的矛盾、能源利用与环境的矛盾将越来越突出。如何以较少的能源消耗实现现代化战略目标？最快捷、最现实的途径就是提升能效，推动能源体系朝着更高效、更清洁的方向发展。能效也在冲击着人们关于能源发展的固有假设，即经济增长必然带来能源需求的同步增长。在能源供需变化的函数中，能效成为新的重要变量。

7.1 看不见的"革命"

能源是人类文明发展进步的基石，人们对能效的追求从根本上支配了能源的发展。人类经历了从薪柴到煤炭、从煤炭到油气的能源转型，其共同点是从效率低的"高碳能源"向效率高的"低碳能源"演进。特别是近半个世纪以来，在能源技术进步的推动下，人类消费的能源总量不断增加，能效也持续提升。1965—2015 年，全世界能源消费增长了 2.5 倍，但创造的经济产出增长了 4.1 倍。主要工业化国家在经济增长、民众生活水平提高的同时，都经历了能源密集度不断降低的过程，这其中能效提升的作用不可忽视。如果没有技术的进步和能效的提升，地球上有限的能源资源保障不了日益增长的能源需求，支撑不了世界经济的永续发展，人类文明进步也就无从谈起。

从当前世界能源的发展趋势来看，提升能效被认为是能源转型的基石。能效被称为"隐形能源"和"最大的能源"，正日益受到人们的重视。如果说能效提升是一场革命，那它首先是思维观念的革命。从经济学理论的角度来看，在能源总量和消耗方面，人类正在反思一直以来从供给角度出发思考的错误逻辑，更多地从消费角度去研究能源，将能效作为一种新的"能源"来看待。或者说，人类应建立一种全新的思维——能效是世界上最安全、最高效、最清洁、最环保的能源资源，是满足全球能源需求的第一能源。

当前，我国处于推进能源转型的重要历史关口，随着经济的发展，能源需求还将继续增长。相对于发达国家来说，我国人均能源消耗量还处于较低水平。在追求美好生活、全面建成小康社会的同时，我国需要处理好经济增长、能源需求上升与资源环境约束之间的矛盾，走出一条既能满足经济社会发展的需要，又能适应生态环保约束的道路。从这个意义上说，我国的能源问题首先是效率问题。提升能效既是保障能源安全的重要内容，也是降低环境风险的重要基础。基于这一认识，我国已经将节约资源和保护环境确定为基本国策，大力倡导提升能效，把节能减排等要求作为约束性指标纳入国民经济和社会发展的中长期规划，通过技术进步、优化能源结构和加强需求管理，提高经济系统运行中的能效水平，其深层内涵就是要努力走出一条可持续发展的生态文明发展道路。

7.2 能效"富矿"

在应对全球气候变化的大趋势下，尤其是在后《巴黎协定》时代，世界各国都提出了大幅度减排的雄心计划，但供应端的可再生能源短期难以等量代替传统能源，所以各国均重视起节能和提升能效，将其作为呵护地球环境的先决条件和推进能源绿色低碳发展的重要抓手。

对于广大发展中国家和新兴经济体来说，能效提升的空间更大。发展中国家在发展初期往往选择能源密集型发展道路，导致能效水平总体偏低，因此提升能效的潜力很大。随着新兴经济体经济的快速增长，与其他解决能源供应的方式相比，提升能效投资更少、见效更快。

目前我国能效水平总体偏低，能源强度高于主要能源消耗国家的平均水平，提升能效的潜力很大。IEA 在其《2017 年能源效率》这一全球报告中指出，相较于世界平均水平和发达国家平均水平，中国的能效仍然偏低，仍有较大的提升空间。

与此同时，自 2000 年以来，我国人均收入增长了 3 倍多，激发了国民对于现代能源服务的需求，人均能源消费量从每人 0.9 吨油当量[①]增加到每人 2.2 吨油当量。今后几十年是我国工业化和城镇化的关键时期，要缓解能源生产与消费的矛盾、能源利用与环境的矛盾，最快捷、最现实的途径就是提升能效。我国也是世界上能效政策和行动方案最全面、推行力度最大的国家之一。根据 IEA 的统计数据，2000—2015 年，在能效提升政策的带动下，我国的能源强度降低了 30%。

我国过去 30 多年的快速经济增长，大部分来源于固定资产投资、重工业发展和制造业出口。2013 年以来，我国政府提出了新的发展战略，更多地强调创新驱动和可持续发展对经济增长的贡献。这给能源领域带来了显著的结构变化，在当前的煤炭消费下降和能源密集型工业增长放慢的形势下已初露端倪。

---

① 油当量，按标准油的热值计算各种能源量的换算指标，1 吨油当量 = 1.428 6 吨标准煤。

为实现碳减排和能源强度指标，我国采取了一系列措施，包括扩大碳排放交易，采用政策工具和金融手段鼓励节能环保技术和产业发展，完善能效计量和管理体系，倡导消费者改变购买行为和生活习惯等，这些措施将对提升能效起到积极的作用。

7.3　效率竞争力

对于一个国家、地区或者企业而言，能效有多重要？说直白一些，它是可持续发展的动力，决定着这些组织、体系未来发展的命运。以日本为例，其各方面资源都十分贫乏，却属于能效最高的国家之一。日本是因为全民节能意识的普及助推了能效的提升。可以说，在能源转型的过程中，能效对一个国家社会经济的发展将起到决定性作用。

我国已经是能源消费大国，但能源消费反映的是一国的经济规模和消费能力等硬实力。能效作为反映一国技术水平和创新能力的软实力指标，更是衡量国家实力不可或缺的标准。它不仅关系到能源的有效供应，也关系到环境承载力，还关系到国家在全球产业链中的价值分配。这不仅是一个技术问题，也是一个重大的经济命题和社会命题。G20 杭州峰会核准了由我国政府牵头制定的《G20 能效引领计划》，这彰显了我国在能效议题上从"参与者、跟随者"向"主导者、引领者"角色的转变。

当前，我国推进能效提升具备的条件更加完善。产业转型升级推动经济发展从要素驱动向效率驱动转变，带来了结构效应；新技术的推广应用带来生产率的提高；城镇化导致人口和经济活动更趋集中，带来规模效应。从意识层面来说，环保低碳意识在大众当中日益普及，人们越来越信奉"少即是多"的生活哲学；更为重要的是，随着计算机技术、自动化技术以及物联网技术的飞速发展，人们可以利用信息化红利来提高全社会的能源配置水平，对能源结构进行系统优化。归结来说，通过发挥创造性思维和创新技术的作用，人类智慧本身成为一种重要"能量"，并转化为以"能效"为表象的能源形态，因而"能效"本身就成了一种重要的能源创新产品。

　　能源变革时代，每个企业、每个家庭乃至每个人都可以为提升能效做贡献。这就需要我们理解能效的重要性，准确把握能效的内涵，找到适合自身的提升能效的现实途径。通常人们比较关注汽车、建筑、制造等行业的能效提升，其实提升能效适用的领域远比这更广泛。无论是基于实际需求的能效技术，还是"能源足迹"的测量和可视化呈现；无论是全生命周期的"大能效"解决方案，还是高效便捷的第三方能源管理等，在能源生产、转换和使用的各个环节都蕴藏着提升能效的广阔空间和巨大潜力，经过探索能够形成新的产品、技术和服务。只有依靠长期稳定的投资、健全有效的政策引导、节能技术的广泛使用和消费者的不断践行，全社会才能释放出提升能效的最大潜力。

　　要推进能效的提升，首先要了解能效的影响因素。表 7-2 列出了影响能效的 4 个因素，即结构因素、技术因素、制度因素和价格因素。结构因素又包括产业结构因素和能源结构因素两个方面。[2]

　　由此可见，推进产业结构调整、优化能源消费结构、聚焦技术创新、改革能源资源价格等措施都有利于能效的提升，这也是未来我国政府在宏观层面推动能效提升的主要努力方向。

---

[2]　参见搜狐科技频道 2018 年 3 月 17 日的文章，耿旭、王建良所写的《全面提升能源效率——中国的必答题》。

表7-2　影响能效的4个因素

影响能效的 4 个因素	
结构因素	产业结构因素：第三产业和轻工业的能耗强度远低于重工业
	能源消费结构因素：高热值能源（石油、天然气）所占比例越高，能效也越高
技术因素	技术进步和创新能够带来能效的提升
制度因素	社会管理效率的提升、资源配置水平的提升将带来能效的提升
价格因素	价格因素主要通过供求关系对能效产生影响，如果能源价格过低，就会造成大量非效率消耗，从而降低能效

我们不仅要关注国家整体能效的变化，还要关注不同地区、不同产业能效的差异性。从区域来看，我国区域间能效呈现"东高西低，南高北低"的特点；而且，区域之间的能效差距还在逐渐增大，区域分化现象愈发严重。

因此，提升能效，不仅要从国家宏观层面进行整体规划，努力调整结构，发挥市场的引领作用，还需要因地制宜，根据不同地区面临的不同问题，有针对性地进行调整。

7.4　珍惜用好"能效红利"

提升能效曾经对解决能源短缺问题、促进经济发展起到重要作用，这是发达国家的成功经验。工业化国家普遍经历了一个能源强度先高后低的倒 U 型过程，从技术、政策到观念等多个方面都有值得我国借鉴的经验，但也存在"能效红利"被滥用的情况，其中有政策导向、激励机制、消费主义风尚等多方面的教训值得我们吸取。

在过去的几千年里，人们对节约能源一直是非常在意的，因为在生产力不发达的时候，无论是使用牛粪、薪柴还是煤炭，都需要付出昂贵的成本，在成本收益理性支配下的人们会自觉地具有节省能源的动力。可到了20 世纪中叶，全球石油经济快速发展，石油充足而且廉价，人们关注的重点很自然地从少使用能源转向获取更多的能源。在 20 世纪 70 年代石油危机带来的冲击下，日本和欧美国家都在提升能效和节能方面取得了巨大的进步。但随着危机的结束和石油价格的下降，消费者觉得没有节约能源的必要了，努力节省能源的道德行为和责任似乎已经完成了历史使命。比如在美国，里根总统上台后，废除了许多节能方面的规定，政策导向朝着与原来相反的方向运行了。

在社会层面，盛极一时的节能运动逐渐偃旗息鼓。因为从理性"经济人"的角度看，节能不再像过去那样划算。由于能源价格回落，经济发展变得更加健康，消费者手中的可支配收入增加，能源成本在企业或家庭开支中所占的比例越来越小，对更加高效地使用能源产生不了多大的刺激作用，原来那种让人们自觉节约用能的激励机制消失了。

这些导致的直接后果是，在全世界的各个地方、各个层面，能源的浪费现象比比皆是且触目惊心。在能源的全生命周期中，从生产、转化、运输到使用的各个环节都存在大量的浪费。美国落基山研究所指出，美国所发的电力中有一半没有必要，汽油燃烧的能量仅有 17% 被真正利用，用在标准加热炉中的能源只有不到 1/4 用在了制作食品上。美国的发电厂"废弃"的能源比整个日本经济运转所需的能源总量还要多。

　　能源与经济发展的密切关系体现为能源依赖定律，其含义在于，一种能源越能带来便利，效用越高，用得就越多；用得越多，对它的依赖就越深。能效提升的速度总是赶不上能源消费增长的速度，"能效红利"被不理性的消费者以及企业在政策导向等多种因素的推动下滥用，这一点非常可惜。虽然单一设备和产品的能源消耗在大幅降低，但人们患上了"能源危机健忘症"，为了追求生活质量，使用的能源反而更多了。照明系统越来越复杂，电视越来越多且屏幕越来越大，汽车排放量越来越高。这样做的结果是，能效技术越发达，能源使用得就越多。

　　这说明能效提升中存在"反弹效应"。长期以来，工业化国家总是想方设法地维持其消费习惯，在经济学上这叫作"棘轮效应"，中国俗话称之为"由俭入奢易，由奢入俭难"。

　　由于分工的细化和生产体系的复杂化，消费者对能源经济背后利益关系的认知能力在弱化，即使是受过高等教育的消费者对能源用量的了解也很少，没有人清楚地知道自己一天使用了多少能源，其价值如何。这样一种类似"能源盲"的文化使人们对如何正确而高效地使用能源缺乏切身的感性认知。受这样的观念影响，消费者很少去考虑使用能源的成本和回报问题，从而产生了很多不理性的消费行为。

　　在考虑提升能效时，我们要注意一种现象，不论是使用更高效的能源还是更高效的技术，都会受到原有基础设施和技术标准的制约。这些基础性的事物形成了一种路径依赖，对新生事物构成了双重制约。一是只有符合原有设施和标准要求的能源才能纳入其轨道加以使用，例如，就像微软的操作系统成为计算机的"标配"一样，汽油设备已经成了交通领域的"Windows 操作系统"。在整个能源经济体中，历经数十年建立的庞大工厂、运输网络、管道、终端设备等基础设施构成了一个规模巨大的体系。这样一个庞然大物对于新技术和新产品的推广会构成压力，以至于即使能很好地提升能效的技术有时也无法与之兼容，或者只能在局部使用。二是建设这些设施投入的费用成为一笔巨大的沉没成本，在其发挥效应的漫长时间里，新技术需要用其优势与旧体系的边际成本竞争。原有基础设施一旦建成，其内在惯性必然要尽可能地物尽其用，以摊薄其成本；一旦弃之不用，不仅会导致前期投入的浪费，而且意味着成本增加，造成巨大损失。在这种情况下，基础设施体系虽然是维持能源经济体系运转不可或缺的条件，但客观上也牵制了能效的提升。

提升能效是解决资源和环境问题的一剂良药，体现着"少即是多"的哲学智慧。然而，依靠消费者的自律，却难免与其利益相冲突；依靠政府非自然和不符合市场规律的干预也收效不佳；把钱花在寻找其他能源上来增加供应，也受制于基础设施缓慢的更新。在这种情况下，人们需要走出对能源经济学的一些认识误区：并非只有能源短缺、价格高时才需要节约能源，哪怕是出于自利的目的，在更多的情况下，个体和企业都有动力在提升能效上下功夫。这种激励节能的机制内涵在于通过提升能效能够节约更多的成本。在提升能效上所花费的成本如果远低于节省下来的能源的价值，汽车、建筑、工业生产等能源经济的各个领域、各个行业，都会得到潜在的回报。

提升能效与其说是伦理责任方面的问题，不如说是经济理性的体现，考虑的是如何通过获得能源时花费的成本取得最大的收益，如何使用更少的能源创造更多的财富。这需要人们转变观念，从过去主要关注能源的供应转变到关注能源的最终用途，即获得什么样的能源服务，而用同样的供应提供更多更好的服务，就相当于提升了能效。

本章参考文献 ────────────────────

[1] 胡森林，林益楷. 破解石油迷局：直击当前石油热点问题 [M]. 北京：石油工业出版社，2016.

[2] 胡森林. 能源大变局：中国能否引领世界第三次能源转型 [M]. 北京：石油工业出版社，2015.

[3] 张勇. 节能提高能效　促进绿色发展 [J]. 求是，2017(11)：47-49.

第八章

炼化转型升级之路

引子

"洋油"这一成品油从 19 世纪 60 年代进入我国，其垄断局面直到新中国成立才彻底改变。随着大庆油田的发现、一系列重大炼油化工技术的突破以及多个炼油大工程的建成，我国终于结束了依赖"洋油"的历史，并逐步成为世界炼油大国。新中国成立后的 70 年间，我国炼油化工行业经历了苦难与辉煌，特别是改革开放以来，其市场化进程取得了长足进展，但也增添了产能过剩这样的烦恼。面对近年汹涌而来的数字变革和低碳发展潮流，炼油化工产业转型升级之路也面临新的挑战与机遇。

对于生活在 21 世纪的中国人来说，随着家用汽车以及加油站的普及，行至半途顺路"加油"已经成为一个再平常不过的生活习惯。而在六七十年前的中国，这样一种生活方式根本不敢想象。

当我们把目光回溯至新中国成立前，那时候汽车还十分罕见，如今随处可得的各类石油产品，当时的中国也没有能力自给。无论是普通百姓家的灯油，还是达官贵人的汽车所用的油品，绝大部分都是美孚等外国石油公司提供的。数据显示，1904—1945 年，我国累计原油生产量只有 278.5 万吨，而在此期间共进口"洋油"2800 万吨。"洋油"成为中国人生活中的必备品，这在一些文学作品中也有所体现。例如，茅盾在《春蚕》中写道："轧轧轧的轮机声和洋油臭，飞散在这和平的绿的田野。"那时，因为无法实现成品油的独立自主供给，中国人戴上了"贫油"的帽子。

今非昔比。现在，我国不但成品油不再短缺，反而出现了产能过剩；不但能生产汽油、柴油、煤油等各种油品，还能生产其他种类繁多的化工产品，远销国外。新中国成立后的 70 年间，在炼油化工领域，到底发生了什么样翻天覆地的变化？

8.1　摘下"五朵金花"

1959 年，一部名为《五朵金花》的电影红遍大江南北。该片讲述了白族青年阿鹏与人民公社副社长金花在大理"三月街"上一见钟情，次年阿鹏走遍苍山洱海寻找金花，消除一次次误会之后，有情人终成眷属的故事。

然而对炼油化工行业的人来说，"五朵金花"有着别样的含义，那就是 5 种和炼油有关的工艺技术。这 5 种新工艺新技术的专业"大名"分别是流化催化裂化、催化重整、延迟焦化、尿素脱蜡，以及有关的催化剂与添加剂。在 20 世纪 60 年代，这 5 种新技术是我国炼油事业的标志性成就。

新中国成立初期，我国的石化工业还处在一穷二白的起步阶段。那时，全国的原油年产量只有区区 12 万吨，仅能生产 12 种油品。与发达国家相比，我国的炼油技术要落后三四十年。1959 年在东北发现大庆油田后，我国的原油产量突飞猛进。然而，由于技术落后，全国只有 19 万吨 / 年的炼油能力。这就好似有了上好的大米，却依然吃不上香喷喷的白米饭。

为了不受制于人，20 世纪 60 年代，石油工业部提出了非常清晰的炼油政策导向，那就是"新技术，深加工""吃光榨尽"，争取"三年过关，五年立足国内"。在此背景下，1962 年秋，我国炼油工业的各路"英豪"齐聚北京香山，共商自主创新炼油新工艺、新技术之大计，最终确定了以流化催化裂化、催化重整等五大工艺技术为主攻研究方向。在我国著名的化学工程专家侯祥麟的主持下，炼化科技人员在短短几年内即攻克了上述五大关键技术，成功摘下"五朵金花"。然而，攻关之路绝非坦途。"五朵金花"关乎全局，上下关注，让时任石油科学研究院副院长的侯祥麟压力重重。"大到科研方向、方案制定，小到试验环节、材料准备，侯祥麟无不亲自过问。"当年参与攻坚的闵恩泽（后被选为中科院院士）对此记忆犹新。

"五朵金花"之一的催化重整工艺在石化工业中举足轻重。但由于这一技术需要贵金属铂作催化剂配料，科研人员犯了难。要知道，铂比黄金还贵重，我国无铂，全靠进口。有人认为这么搞不合算，不符合国情。平素和气的侯祥麟这一次竟力排众议，坚持用铂。事实证明，正是因为这一坚持，催化重整技术才喜获突破。一朵，两朵……"五朵金花"在短时间内一一绽放，开花结果。到 1965 年底，"五朵金花"的成功研发使原定于 1972 年底完成的任务超前完成，让我国原本十分落后的炼油工业技术很快接近了当时的世界先进水平。[①]

当年年底，我国石油产品品种达 494 种，汽油、煤油、柴油、润滑油四大类产品的产量达 617 万吨，自给率 100%，中国人用"洋油"的历史从此一去不复返。时任石油工业部部长的余秋里曾激动地说："这是炼油行业放了个原子弹。"

继 20 世纪 60 年代的"五朵金花"之后，中国炼化人并没有止步，而是继续攀登科学的高峰。到了 20 世纪 80 年代，催化裂解、乙烯裂解炉等 4 项达到世界先进水平的新技术又横空出世，被誉为"新四朵金花"，为打破国外大公司长久以来的技术垄断做出了突出贡献。

70 年来，从"五朵金花"到"新四朵金花"，我国炼油工业通过自主创新、科研攻关，以自主开发和引进消化吸收相结合的方式，从跟跑到并跑，再到在某些技术上的超越，我国炼油技术已总体达到世界先进水平，部分处于世界领先水平。目前，我国已具备自主建设现代化千万吨级大型成套炼油装置的工程技术能力，拥有生产相当于欧 V、欧 VI 质量标准汽柴油的核心技术，渣油转化、提高轻油收率、多产汽油和芳烃、多产航煤、油化综合等系列技术正在或已经取得突破。我国炼油所需的催化剂已实现自给，还实现了部分出口外销。

目前，我国炼油工业已拥有一批具有自主知识产权的核心技术和专有技术，这不仅支持了行业的可持续发展，而且使我国的炼油技术像高铁、

---

① 参考人民网 2005 年 9 月 7 日的文章《炼油英雄侯祥麟的世纪人生》。

核电、大型桥梁建设等工程一样，成为中国制造对外推介的靓丽名片，部分技术还已出口转让，在国际上为我国赢得了良好的声誉。我国一些大炼厂已具备加工来自不同国家 160 多种不同性质原油的能力，综合加工能力、深加工能力大大加强。

8.2 "大炼油"横空出世

2018 年 10 月 16 日，在国务院总理李克强与荷兰首相吕特的见证下，中海油与壳牌集团在荷兰海牙签署惠州石化化工项目合作谅解备忘录。根据协议，双方将探讨合作建设生产装置，旨在全面发挥产业集群的优势，在大亚湾建设一个规模和竞争力都处于全球一流水平的大型炼化一体化基地。截至 2018 年底，惠州石化基地已具备 2200 万吨 / 年的炼油能力和 220 万吨 / 年的乙烯生产能力。

从我国炼油近年来的发展格局来看，"大炼油"局势日益凸显，惠州石化基地的建设只是其中较为突出的案例。"十三五"期间，我国有序推进大连长兴岛（西中岛）、河北曹妃甸、江苏连云港、上海漕泾、浙江宁波、福建漳州古雷和广东惠州七大石化产业基地的建设，推动我国炼油行业向着装置大型化、炼化一体化、产业集群化方向发展。目前，我国炼油能力达到 7.72 亿吨 / 年，全国千万吨级炼厂有 25 家，合计炼油能力达 3.37 亿吨 / 年，约占全国炼油能力的 43.7%。

近年来，担心国内炼油行业产能过剩的声音不时响起，有些人甚至担心炼油行业会成为下一个"钢铁行业"。从数据上看，2018 年底我国的炼油能力为 8.31 亿吨 / 年，大约过剩 0.9 亿吨 / 年。尽管如此，我国炼厂的集中度和规模与国际一流水平相比还有较大的差距。国内炼厂的平均规模只有412万吨/年，与世界炼厂759万吨/年的平均规模有较大差距。因此，我们在看到炼油总能力过剩的同时，更应该看到，先进产能不足、一体化水平不高、区域布局不平衡、各炼厂间主要技术经济指标和装置水平不均衡等问题，这些问题仍是我国炼油行业需要直面的事实。

基于目前的行业格局，我国仍然需要大力推进国内炼油行业的供给侧结构性改革，一方面是加速优质产能建设，另一方面是淘汰落后产能。国内炼油市场将继续朝着装置大型化、产业集群化、园区基地化的方向迈进。

在优质产能替代落后产能的过程中，大型央企、地方炼厂、合资企业、民营企业等各类市场主体都扮演着重要角色。中石化、中石油等大型能源央企仍是炼化转型升级的主力，民营企业也开始成为一股不可忽视的重要力量，特别是"新力量炼厂"（包括地方炼厂和民营炼厂）的崛起，其炼油加工能力和成品油产量增长情况见图8-1。

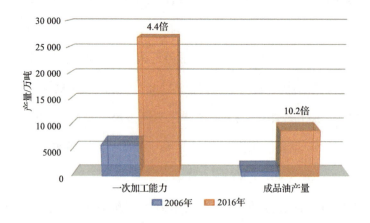

图8-1 国内"新力量炼厂"2006年和2016年炼油加工能力和成品油产量增长情况

（根据《2016年国内外油气行业发展报告》相关数据整理）

这其中，以山东地炼[②]为代表的民营小炼厂尤其值得关注，原本它们都是"小而乱"的代名词，但近年来也开始脱胎换骨，市场集中度逐步提升。2018 年，山东省政府提出，地炼行业在未来 4~7 年内将加速转型升级，到 2025 年，全省地炼原油加工能力将由目前的 1.3 亿吨 / 年缩减到 9000万吨 / 年左右，减少约三成。炼油能力在 500 万吨 / 年及以下的地炼工厂将分批分步进行减量、整合或转移。

除山东地炼的扩能升级之外，浙江、江苏等地的民营炼油企业也表现突出。浙江石油化工有限公司 4000 万吨 / 年的炼化一体化项目位于浙江舟山的鱼山岛，总投资高达 1730 亿元，是全球投资最大的单体产业项目。此外，恒力集团、盛虹集团也启动了千万吨级以上的大炼化项目，并陆续向市场投放产品。

在近几年炼化产能的扩张中，打造炼化一体化的完整产业链成为趋势。一方面，国有大型炼厂积极进行升级改造，一些企业开始从燃料型炼厂向化工型炼厂转型；另一方面，下游的民营化纤企业积极向上游延伸，进入炼油化工行业，建立起完整的产业链。在市场参与者的共同努力下，预计未来几年，国内"油强化弱"、石化类高端产品缺乏的现状将逐步得到改善。

8.3　零售终端"硝烟"燃起

中石化油品销售业务的混合所有制改革，算得上是 2014 年国内能源行业的一大热点事件。当年 2 月 19 日，中石化发布公告，率先在油品销售业

---

② 地炼，指地方性炼油厂。国内通常以地炼代指山东地方炼油厂。

务中引入社会和民营资本，实现混合经营，授权董事长在社会和民营资本持有销售公司股权比例不超过 30% 的情况下，确定投资者、持股比例、参股条款和条件，组织实施该方案及办理相关程序。

此消息一出，立即引起震动，包括腾讯、顺丰快递、大润发在内的众多投资者携资金蜂拥而至。而与此同时，中石化混改也陷入"增资方案是'馅饼'还是'陷阱'"的争论中。时任中石化党组书记、董事长的傅成玉更因声称"羊毛出在猪身上，未来加油可不花钱"[③]引得各方热议。

很多投资者之所以对中石化销售公司混改热切关注，无疑是看中了该公司旗下的 3 万多座加油站，这不仅是一笔规模巨大的优质资产，也意味着中石化在油品零售终端拥有巨大的先发优势。在很多投资者看来，中石化零售业务未来具有很大的增长空间，例如发展非油品业务。据了解，国外成熟市场的加油站利润有 50% 来自非油品业务，我国也完全可以借鉴这一模式。

中石化易捷便利店是我国门店数量最多的便利店，门店数量超过 2.5 万家。非油品业务无疑是一个潜在的巨大"蛋糕"。事实也印证了这一判断。中石化销售公司重组引资完成 3 年多后，在巩固传统油气销售业务的同时，新兴业务（非油品业务）进入快速增长阶段，2016 年交易额为 351 亿元，2014—2016 年平均复合增长率达 43.3%。

时光转瞬到了 2019 年，关于中石化销售公司即将首次公开募股（IPO）的消息在媒体界流传。然而，就在过去的几年间，传统油品零售行业的外部环境也发生了翻天覆地的变化。掌握了终端渠道就拥有了不可撼动的市场竞争地位的观念，似乎也正在面临新的挑战。

---

③　参考凤凰网财经频道 2015 年 1 月 19 日的文章《中石化董事长：羊毛出在猪身上 未来加油可不花钱》。

随着全球能源转型的加速推进以及数字时代的到来，交通领域的石油消费模式也发生了结构性的重塑。壳牌公司英国区主席林奇女士在一篇文章中提到，交通领域燃料正在发生新的全球性革命，汽油和柴油作为传统交通燃料的"霸主"，其地位受到很大冲击。

我们已经开始看到交通燃料替代竞争的硝烟。数据显示，2016年我国压缩天然气（Compressed Natural Gas，CNG）、LNG、乙醇、甲醇、电动汽车所用的电能、生物柴油等燃料共替代汽油和柴油超过2000万吨。

首先是低碳燃料的替代。天然气汽车数量增长较快，特别是LNG重型卡车的数量呈飞速增长态势。乙醇汽油的发展也在提速，有机构预计，如果乙醇汽油实现全覆盖，其替代的传统汽油量将由2016年的237万吨增至2020年的1000万吨。

其次是电力的替代。高铁出行的日益普及，正在"侵蚀"中长途客运、航空出行和大型卡车的油品消费。而电动汽车的使用近年来更是呈现爆发式增长的态势。从中长期来看，电动汽车对内燃机汽车的替代速度将迅速提升。特别是一旦燃料电池、高密度储能电池等技术获得重大突破，将可能对成品油消费造成巨大的冲击。

还有共享模式带来的能源的节约。近年来互联网共享经济模式蔚然兴起。艾媒咨询数据显示，2018年中国共享单车用户规模达到2.35亿人。预计随着共享汽车等共享经济模式的深入推进，交通出行效率将得到持续优化和提升，成品油消费将进一步降低。中国石油经济技术研究院预测，2020年共享出行将降低400万吨的石油消费。

石油零售终端企业如何应对上述变局？从目前来看，很多石油公司都在积极应对交通行业"去碳化"的趋势，努力为消费者提供加油、加气、充电等多元化的能源供应服务（见图 8-2）。同时，部分加油站还将打造小型的商业综合体，包括探索"加油站 + 便利店""加油站 + 便利店 + 汽车服务中心""加油站 + 大型超市""加油站 + 综合服务中心（餐饮、住宿、娱乐、汽车维修）"等多种零售服务的组合形式。这样的综合体或将成为未来加油站发展的主流趋势。

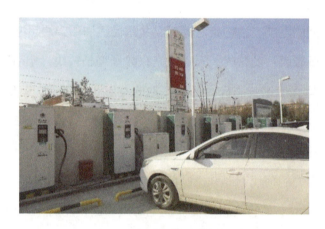

图 8-2　加油站兼具充电服务功能

随着数字变革愈演愈烈以及"互联网 + 成品油"概念的流行，成品油市场营销模式即将发生深刻的改变，市场将逐步从依靠数量扩张和价格战的同质化竞争向跨业态的生态系统间竞争转变。积极利用互联网技术深度改造终端销售渠道，也成为很多石油企业的必然选择。这场油品终端零售革命将给传统石油巨头的商务模式带来冲击，也将深刻影响到每一位消费者。

8.4　走向世界

对全球石油石化巨头来说，2015 年是艰难的一年，持续低迷的国际油价使得石油石化行业的盈利大幅下滑，降低产能、减少投资、降薪减员成为这些企业应对"寒冬期"的共同策略。但对我国地炼企业来说，2015 年却是丰收之年，原油进口权和使用权、成品油出口权相继下放，原油加工量、成品油产量、利润均创新高，生产热情空前高涨。地炼"一枝独秀"，不仅引起了国内石化行业人士的普遍关注，也吸引了全球著名投行的目光。

然而，国内炼油企业的"小阳春"到底能够持续多久？目前来看，情况似乎不容乐观。随着国内经济进入"新常态"，经济结构转型和增长动能转换正对成品油消费带来重大影响，国内成品油市场消费放缓趋势明显。

根据中国石油经济技术研究院的统计，2016 年国内成品油消费首次出现负增长，2017 年成品油消费增速由负转正，呈中低速增长（同比增长3.2%）。其中，受乘用车销量增速显著下降等因素的影响，汽油消费增速仅为 3.0%，降至 2006 年以来的最低点。2017 年，尽管柴油表观消费量在连续 3 年负增长后出现反弹（同比增长 2.0%），但预计此回升态势难以持续。长期来看，汽油需求有望维持比较平稳的增长，但柴油需求已经进入一个不可逆转的下行周期。

国内炼油市场供需过剩加剧，对外出口成为一大趋势。2015 年，中国的航空燃油打入了欧洲市场，汽油产品又在 2016 年敲开了尼加拉瓜的大门。2017 年受国家收紧出口配额的影响，我国全年成品油净出口量增速大幅回落，但 2018 年国内炼油产能扩张导致成品油资源过剩进一步加剧，相关产品的出口增速略有增加（见图 8-3），预计 2019 年成品油出口量接近5000 万吨大关。

图 8-3　近 3 年我国成品油出口增长情况

（资料来源：中国石油经济技术研究院）

　　然而，"走出去"绝非一路坦途。随着近年来北美、中东地区炼油产能的持续增长，全球多个地区炼油产能过剩趋势加剧，我国油品出口正面临着更加激烈的竞争。有机构预计，全球炼油业产能过剩将始于 2023 年。展望未来一段时间，我国的炼油企业将面临内外部产能"双重过剩"的严峻挑战。国内的炼油商要想在全新的竞争时代生存、发展好，加快企业转型步伐、提升产品竞争能力将是唯一的出路。

本章参考文献

[1] 刘朝全，姜学峰. 2017 年国内外油气行业发展报告 [M]. 北京：石油工业出版社，2018.

[2] 林益楷. 国内炼油行业格局变迁的四大趋势 [J]. 能源，2018 (2)：51-53.

第三部分

通往美丽中国

助力美丽中国建设，是中国能源发展的题中应有之义，其核心是破解经济发展与资源供给、环境保护相平衡的难题，通过化石能源清洁化与清洁能源规模化，走出一条资源与环境的双重优化之路。

第九章

天然气的希望之光

引子

    我国尽管有着使用天然气的悠久历史，却是一个大"气"晚成的国家。改革开放以来，天然气从一种鲜为人知的资源到成为各地争抢的"香饽饽"，市场越做越大。作为最清洁的化石能源，天然气被认为是全球向低碳甚至零碳能源过渡的最佳桥梁。加快突破天然气产业发展的瓶颈，将有力地推动我国能源生产和消费革命。

　　人人都听说过火山喷发，那是地壳里的岩浆迸发时的景象。但你知道吗，在这个世界上还有一个巨大的"火坑"。

　　在土库曼斯坦的卡拉库姆沙漠中，有一个被誉为"地狱之门"的巨型火坑（见图9-1），直径为50~100米，深达数百层楼。这个巨型火坑自20世纪70年代起就开始熊熊燃烧，从未熄灭，我们也无法预测它何时会熄灭。支撑这个巨型火坑燃烧的主要物质就是天然气。根据估算，"地狱之门"每年燃烧掉的天然气价值高达500亿美元。

图9-1　土库曼斯坦的"地狱之门"

（图片来源：观察者网）

　　"地狱之门"的天然气资源被白白燃烧掉，简直是暴殄天物。因为在世界上其他地方，为满足社会经济发展和日常生活对清洁能源的需求，人们都在努力寻找和开发天然气资源。

　　我国是一个大"气"晚成的国家——尽管有着利用天然气的悠久历史，但直到改革开放之初，天然气在整个国家能源结构中的比例几乎都可以忽略不计。经过40多年来的艰辛探索和发展，我国天然气产业已经跨入"气势如虹"的发展阶段。2018年，我国天然气消费量突破2800亿立方米。将天然气作为主体能源、加快突破天然气产业发展的瓶颈，将有力地推动我国能源生产和消费革命。

9.1　天然气为何受热捧

我国是世界上最早开发利用天然气的国家之一。早在 2000 多年前，四川邛崃一带就有用天然气煮盐卤水来生产盐的记录。

不过，从另一个角度看，天然气在我国大规模使用的历史并不长。在改革开放之初，天然气作为一种能源，还只是为少数人所知。

张国宝在回忆过往时，谈到过一件十分有趣的事情。2004 年 12 月 30 日，横亘 9 个省（区、市）的"西气东输"一期工程比原计划提前一年正式商业运营。不过在此之前，中石油在寻找市场的时候吃了很多"闭门羹"。特别是当中石油提出按国际惯例签订"照付不议"合同时，很多省（区、市）并不敢签。一方面，他们对中石油的产量能否满足其要求心存怀疑；另一方面，他们也担心本地消费者不能接受天然气的价格，而且"照付不议"怎么听都像是"不平等条约"。为了推销天然气，当时国家发展改革委的领导与中石油的销售人员一起，到沿线省（区、市）做动员工作，找销路、拓市场。那时，人们对天然气的优势及发展趋势的认识还存在局限性，对接受"西气东输"天然气的积极性不高。

然而，"西气东输"工程商业运营不到两年，国内天然气市场就彻底火爆了。很多省（区、市）开始后悔当初没有要天然气，或者天然气要少了。据张国宝在《筚路蓝缕——世纪工程决策建设记述》一书中的记载，2004—2013 年，我国天然气年消费量由 415 亿立方米增加到 1676 亿立方米，占一次能源消费的比例由 2.6% 提高到 5.9%。其中，2003 年，"西气东输"

管道输气量仅为 8836 万立方米，到 2012 年已经跃升至 342 亿立方米，约 10 年前的 387 倍。

▶ 小档案

1 立方米天然气都能做什么？

1 立方米天然气平均可供一个三口之家做饭和洗澡两天。

1 立方米天然气大约可以支持家用三厢小汽车（在不堵车的情况下）跑 10 ~ 18 千米。

1 立方米天然气产生的热量大约等同于 1.20 千克煤炭产生的热量。

1 立方米天然气可以发 4 ~ 5 千瓦时的电。

1 立方米天然气能烧开 107 升水。

这样一种曾经鲜为人知的能源，如何在短短几十年的时间里变成"香饽饽"，成为各地争抢的热门资源？当然不是因为有人帮忙吆喝，而是与天然气本身的优势密不可分。

作为一种洁净环保的优质能源，天然气几乎不含硫、粉尘和其他有害物质，燃烧时清洁干净，能延长工业锅炉、熔炉的使用寿命，也能有效减少二氧化硫和粉尘的排放；同煤炭、石油相比，在相同能耗条件下，也能明显减少二氧化碳和氮氧化合物的排放量，有助于抑制酸雨的形成，缓解地球温室效应，从而能根本上改善环境质量。

近年来，天然气已经广泛应用于居民日常生活、制造业、发电及供热、交通运输等多个领域，其消费结构见图 9-2。

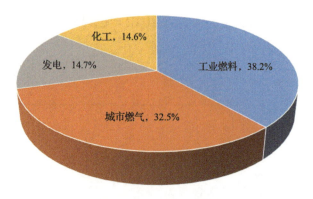

图 9-2　天然气消费结构

（资料来源：《天然气发展"十三五"规划》）

在天然气的应用中，最直接影响老百姓生活的还是城市燃气。2017 年能源大转型高层论坛发布的《中国天然气发展报告（2017）》显示，2016年，我国用气人口首次突破 3 亿人。2017 年 5 月，国家发展改革委和国家能源局制定了《中长期油气管网规划》，提出 2015—2025 年，我国城镇用气人口将以年均 6.6% 的增速持续增长，到 2025 年达到 5.5 亿人。届时，拥有 50 万以上人口的城市将实现天然气管道基本接入。

工业用气长期占据天然气消费的"大头"。在工业领域，天然气不仅可以作为生产化工产品（例如化肥）的工业原料，还可以作为工业燃料，代替其他能源（煤炭、电力等），主要应用于工业锅炉、窑炉。与其他能源相比，天然气热值高，燃气炉具升温快、炉温易控制，同时无烟尘污染，可显著提高产品质量。近年来，随着环境治理力度的持续加大，各地加大了在高耗能行业推广使用天然气的力度，推动天然气需求不断上涨。

天然气发电则是近年来迅速发展的一项新兴技术。天然气作为一种优质清洁能源，用于发电可明显减轻日益加重的环保压力，是实现废气减排和能源供应可持续发展的有效途径，也是现代能源领域发展不可逆转的潮流。天然气电厂机组启停快，负荷适应性强，运行灵活；占地面积小，能够在城市负荷中心实现就地供电，有利于电网安全稳定和经济运行。

目前，我国燃煤发电成本远低于美国，天然气发电成本则远高于美国（见图 9-3）。据前瞻产业研究院发布的《2018—2023 年中国天然气发电行业市场前瞻与投资战略规划分析报告》预测，到 2040 年，我国发电量能源结构中，煤电比例将下降到 35%，而天然气的发电量比例将增加到 24%。

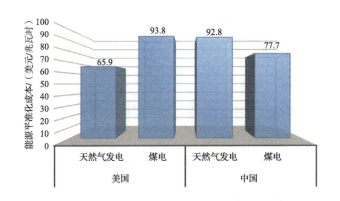

图 9-3　中美天然气发电与煤电的成本比较

（资料来源：国际天然气联盟）

我国的《天然气发展"十三五"规划》也明确提出，要推动天然气发电与风力、太阳能发电、生物质发电等新能源发电融合发展。2020 年天然气发电装机规模预计达到 1.1 亿千瓦以上，占发电总装机量的比例超过 5%。

9.2 管网建设提速

"要致富，先修路"这句许多人都耳熟能详的俗语，说明了道路对于经济和社会发展具有重要意义。天然气管网作为天然气供给的重要通道，同样是决定天然气产业能否做大做强的关键因素之一。

长期以来，我国油气管网建设滞后于油田的开发。我国油气管网的建设很大程度上受益于胜利油田、辽河油田、华北油田、中原油田等油田的快速开发。

进入 20 世纪 90 年代，随着改革开放继续深入推进，国内油气资源勘探开发的力度持续加大，勘探开发的区域向西部和海域拓展，油气产量不断增长。特别是在塔里木盆地、陕甘宁盆地、四川盆地、柴达木盆地和沿海地区先后发现的大型油气田，促使管网建设提速，产业格局也发生了相应改变，实现了跨区域突破。

在我国油气管网建设中，有几个重大的标志性工程不得不提。

首先是"西气东输"工程。20 世纪 90 年代，我国石油勘探工作者在塔里木盆地西部的天然气聚集带上，相继探明了 21 个大中小气田。彼时，煤炭占一次能源生产和消费的比例均高达 70%。大量燃煤使大气环境不断恶化，发展清洁能源、调整能源结构已迫在眉睫。

为了让"窝在盆地里"的清洁能源得到利用，也为了推动西部地区的发展，2000 年 2 月，"西气东输"工程获批。这一工程西起塔里木盆地的轮南油气田，东至上海，全长 4200 千米，是我国距离最长、管径最大的输气管道，也是仅次于三峡工程的又一重大投资项目。

2007 年，这一我国距离最长、管径最大、投资最多、输气量最大、施工条件最复杂的天然气管道工程全部建成。此后，我国又先后规划和建设了"西气东输"二期、三期乃至四期管网。

其次是前文提到过的"川气东送"管道项目，这是我国又一条横贯东西的能源大动脉。这一工程是在普光气田勘探取得重大突破的基础上，于2007年4月9日经国务院批准，同年8月31日正式开工建设的。这是集天然气勘探开发、净化集输、管道输送以及天然气利用、市场销售于一体的系统工程。

此外，随着我国成为油气进口国，国家及时调整了能源发展战略，确立了利用"两种资源、两个市场"的发展思路，油气管网建设开始从国内走向国外，中俄原油管道、中亚天然气管道、中缅油气管道等一批管网工程相继开工建设并建成投入使用，全面、系统、开放的油气管网体系基本形成。

总体来看，经过多年发展，我国油气管网规模不断扩大，建设和运营水平大幅提升。如今，在我国辽阔的大地上，一条条钢铁巨龙蜿蜒前行，将宝贵的天然气资源输向祖国的四面八方，抵达千家万户。

截至2018年底，我国油气长输管道总里程累计达到13.6万千米。其中2018年当年，全国新建成的油气管道总里程约2863千米，新建成管道仍以天然气管道为主。但与美国等管网发达的国家相比，我国油气管网总体规模仍然偏小，管网的网络化程度比较低，发展仍然任重道远。

根据《中长期油气管网规划》，2020年我国油气管网规模将达到16.9万千米，其中天然气管道里程达到10.4万千米；到2025年全国油气管网规模将达到24万千米，其中天然气主干管网全部连通；到2030年，全国油气管网基础设施较为完善，普遍服务能力进一步提高，天然气利用逐步覆盖至小城市、城郊、乡镇和农村地区，基本建成现代油气管网体系。油气供需预测和管道预期发展目标见表 9-1。

表9-1 油气供需预测和管道预期发展目标

指标	2015 年	2025 年	年均增速
原油管道里程	2.7 万千米	3.7 万千米	3.2%
成品油管道里程	2.1 万千米	4 万千米	6.7%
天然气管道里程	6.4 万千米	16.3 万千米	9.8%
原油管道进口能力	0.72 亿吨	1.07 亿吨	4.0%
原油海运进口能力	6 亿吨	6.6 亿吨	1.0%
天然气管道进口能力	720 亿立方米	1500 亿立方米	7.6%
LNG 接卸能力	4380 万吨	10 000 万吨	8.6%
天然气（含 LNG）储存能力	83 亿立方米	400 亿立方米	17%
城镇天然气用气人口	2.9 亿人	5.5 亿人	6.6%

资料来源：《中长期油气管网规划》。

这意味着，未来油气管网建设的步子将迈得更大、更快、更稳。不过，这也需要我国加快解决油气管网建设中存在的一系列深层次的体制、机制问题的速度。2019 年中央全面深化改革委员会第七次会议强调，要推动石油天然气管网运营机制改革，要坚持深化市场化改革，扩大高水平开放，组建国有资本控股、投资主体多元化的石油天然气管网公司。该公司的成立将为这一目标的实现提供有利的管理和组织基础。

9.3 不断做大的 LNG 市场"蛋糕"

说起天然气，LNG 是一个绕不开的话题。

LNG 即液化天然气的英文 Liquefied Natural Gas 的缩写。天然气主要由甲烷构成。通过在常压下将气态的天然气冷却，使之凝结成液体，就可以得到 LNG。

作为一种清洁高效能源，LNG 被很多国家列为首选燃料。LNG 贸易正成为全球能源市场的新热点。2018 年，全球 LNG 贸易量约 3.2 亿吨，占全球天然气贸易量的 36%，同比增长约 10%，远高于同期管道气贸易量的增幅。

埃克森美孚公司预测，未来 20 年，全球逾一半的 LNG 需求增量将来自亚洲，而亚洲的增量中有一半以上将来自中国。卡塔尔官员萨阿德·谢里达·阿尔卡比也表示，中国是全球液化天然气中心市场之一，希望今后能与中国有更多合作成果。

跨国企业和油气主产区看好我国 LNG 的市场前景，并非没有道理。在全球能源体系中，尤其是在我国能源体系中，LNG 正扮演着越来越重要的角色。

从国际环境看，《巴黎协定》和《2030 年可持续发展议程》为全球加速低碳发展进程和发展清洁能源明确了目标和时间表，也为天然气产业的发展创造了有利的外部环境。

从国内情况看，随着我国加快推动能源生产和消费革命，以及新型城镇化的不断提速，加之油气体制改革的有力推进，天然气产业必将迎来新的发展机遇。大力发展 LNG 将对优化我国的能源结构，有效解决能源供应安全和生态环境保护的双重问题，实现经济和社会的可持续发展发挥重要作用。

经过近 20 年的市场培育和产业发展，近年来，我国 LNG 基础设施不断完善，市场逐步发育，机制政策也日臻完善。相关资料显示，我国已经建成 LNG 接收站 21 座，年接收能力超过 8000 万吨，累计进口 LNG 达 2.3 亿吨。2018 年，我国 LNG 进口量超过 5300 万吨，占天然气总进口量的

60%。我国已成为全球第二大 LNG 进口国，为世界 LNG 产业的繁荣发展做出了重要贡献。

　　LNG 市场的"蛋糕"必然越做越大，这是不可逆转的趋势。在这一进程中，谁能持续创新，谁就能分得更大块的"蛋糕"。

　　在 2019 年 4 月初举办的第十九届国际液化天然气大会上，中海油董事长、党组书记杨华指出，天然气日益成为全球能源转型的支柱力量，而 LNG 已逐渐成为最活跃的天然气供应形式。中海油是我国最大的海洋油气生产商，也是率先在国内发展 LNG 产业的公司，在国内处于 LNG 产业的领军地位。中海油兴建了我国第一个 LNG 项目——广东大鹏 LNG 接收站（见图 9-4），截至 2019 年 4 月，中海油已投入运营的 LNG 接收站达到 10 座，年接收能力 4520 万吨，同时其还将继续积极推动现有天然气接收站的扩建和新项目的建设。

图 9-4　中海油兴建的我国第一个 LNG 项目——广东大鹏 LNG 接收站

（图片来源：中海油）

与此同时，中海油积极推动技术、管理和业务模式的创新，通过 LNG 期货现货交易、LNG 罐箱水陆联运、发展 LNG 交通新能源等途径，大力推广 LNG 产业，与各地共同实施"气化长江""气化珠江""气化运河"等项目，为 LNG 的发展不断注入新动力。

值得注意的是，随着我国 LNG 需求量的不断增加，LNG 海运市场也步入了高速发展的快车道，福建项目、上海项目、美孚项目、AP LNG 项目等一系列进口 LNG 的运输项目投产上线。我国越来越庞大的需求正深刻影响着全球竞争格局。LNG 买家和船东正通过参股和控股的方式，逐步加大对 LNG 船舶运力的掌控力度，并在全球 LNG 运输市场上扮演重要的角色，他们成为一股越来越令人瞩目的力量。

目前，我国大型 LNG 运输船队已渐成规模。这一趋势对于培育和扩大我国 LNG 船舶建造和运输市场意义重大，并将为这一产业链上的能源、运输及船舶制造企业等带来更多机会。根据《中国能源报》的报道，到 2020 年，我国或将形成一个拥有 30 艘以上大型 LNG 运输船舶的船队，若按照每艘 LNG 运输船舶每年 18 航次计算，我国自有 LNG 船队将能够承担超过 3300 万吨的 LNG 进口量，或将满足大部分的 LNG 进口需求。

9.4　纾解"气荒"困局

最近几年，冬季采暖期几乎都是天然气供应最紧张的时期。

2013 年 9 月，国务院发布的《大气污染防治行动计划》提出，到 2017 年，除必要保留的以外，地级及以上城市建成区基本淘汰每小时 10

蒸吨①及以下的燃煤锅炉，禁止新建每小时 20 蒸吨以下的燃煤锅炉；其他地区原则上不再新建每小时 10 蒸吨以下的燃煤锅炉。

根据这一被称为大气治理"国十条"政策的要求，全国各地特别是北方地区纷纷加快推进"煤改气"政策的实施，一大批燃煤小锅炉提前"下岗"。

各地"煤改气"的热情高涨，给天然气产业链及煤制气等行业带来了利好。不过，由于我国"富煤缺油少气"，天然气自给率低，随着各地"煤改气"的加速推进，需求增长过快，季节性波动加大，导致许多地方气源紧张，加剧了供需矛盾。

天然气的供需矛盾往往会直观地反映在价格上。2017 年入冬后，国内天然气"气荒"现象又开始出现。国家统计局发布的流通领域重要生产资料的市场价格变动情况显示，2017 年 12 月中旬，LNG 价格为 7409.8 元/吨，比 11 月中旬上涨了 68.7%，与 2017 年 1 月中旬相比上涨了 130%。从各地市场行情来看，部分地区的涨价幅度更大。

总的来看，"气荒"的出现，除了是冬季需求激增，以及供应端供给减少等偶然因素所致外，主要还是由于我国天然气产业链发展不协调，下游市场超前开发或过度开发。我国天然气储气设施建设严重滞后，难以在调峰中发挥作用。

这些年来，针对入冬以后天然气价格特别是华北地区 LNG 价格大幅上涨的情况，有关部门和三大油企等主力供应商均采取了一系列措施，努力缓解天然气供需紧张的局面。在国家发展改革委的协调下，有关方面千方

---

① 蒸吨是一个工程术语，用于衡量锅炉的供热水平。

百计增加资源供应，加强运行调度，平抑市场价格，稳定市场波动。各大企业有序开展资源互济，实现"南气北调"，以保证北方取暖地区的天然气供应。

▶ 小档案

上海 LNG 项目储罐扩建工程

2019 年 3 月 25 日，上海市重大能源项目——上海 LNG 项目储罐扩建工程 4 号储罐顺利完成升顶，标志着扩建工程完成重大里程碑建设节点。该储罐是目前国内自主设计、自主施工的最大单体储罐，罐容为 20 万立方米，可转换气态天然气约 1.2 亿立方米。

上海 LNG 项目由申能（集团）有限公司、中海石油气电集团有限责任公司共同投资。扩建工程于 2016 年获得建设核准。继 4 号储罐升顶后，同期建设的 5 号储罐也于 2019 年 4 月 25 日升顶，在完成所有设备的安装和调试后，预计将于 2020 年正式投产。

扩建工程投产后，上海洋山 LNG 接收站的储存能力将由目前的 49.5 万立方米增加到 89.5 万立方米，再配合上海燃气五号沟 LNG 接收站 32 万立方米的储存能力，上海整体的 LNG 储存能力将提升约 50%；上海洋山 LNG 接收站气化外输能力将由目前的每小时 104 万立方米提升至每小时 186 万立方米，上海天然气保障能力也将由 15 天进一步提升到 20 天以上。

天然气产能及地面配套工程的建设也在加快。近年来，我国在渤海发现了渤中 19-6 气田，在南海发现了陵水 17-2 气田，目前这些地区都在加快气田的开发和配套管网等工程的建设，可为京津冀和粤港澳大湾区等经济发达地区提供新的清洁能源。其中，陵水 17-2 气田最快有望于"十三五"末期投产，每年可生产 30 亿~35 亿立方米的天然气。

基础设施不断完善，储气能力不断增长，行业体制改革持续深化，LNG 市场日益成熟，天然气产业格局更加合理，特别是加大国内天然气勘探开发力度，促使海气、陆气、非常规气、管道气、LNG "多气合一"的产业格局早日形成，冬季的"气荒"将在未来成为历史的名词。

本章参考文献

[1] 张国宝 . 筚路蓝缕——世纪工程决策建设记述 [M]. 北京：人民出版社，2018.
[2] 仝晓波 . 40 年，成就天然气消费大国——访中国城市燃气协会理事长刘贺明 [N]. 中国能源报，2018-09-03(2).

第十章

化石能源清洁化

引子

化石能源是目前全球最主要的能源，在我国能源消费结构中也牢牢占据着主体地位。化石能源在开采过程中，难免会对环境造成干扰；在使用过程中，会产生大量温室气体（以二氧化碳为主）和其他烟气，给生态环境带来破坏。加速推动化石能源清洁化，是能源行业实现高质量发展的必经之路。

每当雾霾来袭，煤炭总免不了被"千夫所指"。不少人认为，以煤炭为代表的化石能源的使用，是产生雾霾的主要原因之一。如今，雾霾治理已经成为污染防治和生态建设的重要任务。在全民治霾的大背景下，煤炭等化石能源的清洁化利用受到越来越多的关注。

化石能源是目前我国最主要的能源，在一次能源消费中的占比仍然超过 85%。如何推进能源行业供给侧结构性改革，促进化石能源的清洁化利用，建设清洁低碳、安全高效的现代能源体系，是能源行业面临的重要课题。

10.1 煤炭的清洁化利用

煤炭作为三大化石能源之一，在我国能源消费结构中占据着十分重要的基础性地位。这是基于我国资源保障能力、开发难易程度、生产和消费成本、运输储存、使用便捷性等因素，理智比选后形成的局面。虽然经过能源结构的持续调整，煤炭在我国能源生产总量和消费总量中的占比明显下降，但仍然占有主导地位。

21 世纪以来，煤炭工业安全高效的生产水平不断提高，煤炭供应能力大幅度增强。不过，随之而来的却是无节制的煤炭消费，以及低效率、高排放、烟气污染防控设施缺位等不负责任的消费行为，给大气环境带来了很大的负面影响。随着"蓝天保卫战"的深入，煤炭行业自身也已经意识到能源清洁化利用的重要意义，并加大了探索力度。

燃煤发电目前占全国总发电量的 70% 以上，占煤炭消耗量的 50% 以上，是煤炭消费的"大户"。在未来较长一段时间内，煤电仍将是我国的主要电力来源。大力发展煤炭清洁发电，是实现我国电力供应清洁、安全、可靠、经济的必由之路，将对我国控制能源消费总量、治理大气污染发挥重要作用。从消耗占比上说，如果煤电能做到清洁化利用，煤炭消费所带来的环境问题也就解决了一大半。

近年来，我国许多电厂已经开展了煤炭清洁发电的技术改造，并将超低排放作为生产标杆，力争使火力发电的排放标准接近甚至低于天然气发电。从实践案例看，煤电超低排放在技术上已经取得突破，煤炭清洁化利用初见成效。截至 2018 年底，全国完成超低排放技术改造的燃煤电厂的总发电量达 8.1 亿千瓦时。

根据相关部署，到 2020 年，具备改造条件的燃煤电厂将全部完成超低排放改造，位于重点区域且不具备改造条件的高污染燃煤电厂将逐步关停。这意味着，燃煤电厂超低排放改造力度还将进一步加大。煤电超低排放打开了一扇通往煤炭清洁化利用的窗户，技术上是可行的，不过在经营压力之下，煤电超低排放技术在全国范围内的推广还有很长一段路要走。

煤炭是我国工业锅炉最重要的燃料。燃煤工业锅炉一直牢牢占据我国工业锅炉的主体地位，是仅次于火电厂的用煤大户。中国煤炭工业协会公布的数据显示，目前我国在用燃煤工业锅炉 47 万余台，占在用工业锅炉台数的 80% 以上；每年消耗标准煤约 4 亿吨，约占全国煤炭消耗总量的 1/4。

目前，我国在用燃煤工业锅炉以链条炉排为主，实际运行燃烧效率、锅炉热效率均低于国际先进水平 15% 左右，烟尘排放量约占全国排放总量的 44.8%，二氧化碳排放量约占全国排放总量的 10%，二氧化硫排放量占全国排放总量的 36.7%。专家指出，燃煤工业锅炉是城市大气污染的主要贡献源之一，也是仅次于燃煤发电的第二大煤烟型污染源。

因此，研制生产并推广应用清洁高效的新型燃煤锅炉是当务之急。煤炭科学技术研究院借鉴油气锅炉和德国煤粉工业锅炉的技术理念，开发自主技术，实现分散（布）式煤炭清洁、高效燃烧利用，为我国燃煤工业锅炉升级改造提供了技术支撑。

在其他领域，煤炭的清洁化利用也在持续推进。冶金行业已经完成了4.3 立方米以下焦化炉的淘汰工作，并通过煤焦一体化和焦炉气深加工技术，大幅提升了煤炭焦化清洁生产的技术水平。建材行业新型干法水泥生产已经在全国推广，传统的窑炉、湿法水泥生产线已经被全部淘汰，污染物排放达到国家标准，实现了高水平的煤炭清洁化利用。

党的十九大报告提出了加快生态文明体制改革，建设美丽中国，推进能源生产和消费革命，构建清洁低碳、安全高效的能源体系等具体要求。煤炭行业还需继续贯彻落实党的十九大精神，从我国国情出发，加强散煤清洁燃烧技术攻关和设备研制，加大推广利用力度，促进煤炭与新能源、可再生能源协同发展。

10.2 化石能源的清洁化生产

化石能源的清洁化生产是实现清洁化利用的重要前提。随着绿色发展理念深入人心，传统能源行业不仅面临着绿色消费的挑战，还面临着绿色生产带来的挑战。

一位业界专家指出，保护环境不是不进行开发，因为自然资源不开发就无法造福人类，资源是为人类服务的，造福人类才能体现资源价值。如果资源放在原地不动用，不造福人类，那么它就没有价值。但开发资源不能破坏环境，否则会影响可持续发展。因此，在开发过程中，必须对环境采取保护措施，坚决不能以牺牲环境为代价来开发资源。

在煤炭行业，煤炭的开采在为社会经济发展提供重要能源保障的同时，也对生态环境产生了巨大影响。在煤炭开采过程中实现清洁化生产，使煤炭资源绿色开采形成常态，已经成为顺应时代潮流的必然选择。

近年来，我国已经陆续建成了以大柳塔、红柳林煤矿为代表的一批千万吨级矿井群，以及以锦界、黄陵二号井为代表的一批数字化矿山和智能化开采工作面，主要技术经济指标达到国际先进水平，推动了我国煤炭生产力总体水平的提升。

2018 年，煤矿保水开采、充填开采等绿色开采技术得到普遍推广，矿井水利用率达到 70.6%，煤矸石综合利用率达到 64.2%，大中型煤矿原煤生产综合能耗、生产电耗分别降至 11.82 千克标准煤 / 吨、20.4 千瓦时 / 吨，建成了同煤塔山、神华宁东等一批循环经济产业园区，初步实现了矿山开发与环境保护和谐交融的发展模式。

此外，矿区土地复垦和生态修复工作也取得新的成果。开滦集团将矿山环境治理、矿业遗迹保护与矿业文化资源开发利用相结合，建设成高水平国家矿山公园，拉动了工业旅游产业的发展。神华国能（神东电力）致力于构筑"三期三圈"生态系统，截至 2016 年底，矿区生态治理面积达到 265 平方千米，植被覆盖率由开发初期的不足 10% 提高到目前的 60% 以上。徐州贾汪区潘安湖采煤塌陷地通过综合整治，形成了集中连片高标准基本农田、湿地公园和产业园区，促进了矿区资源开发与生态环境的协调发展。国家能源集团准能集团也对位于内蒙古鄂尔多斯市准格尔旗的复垦区进行了治理，治理前后地貌的对比见图 10-1。

治理前　　　　　　　　　　　　　治理后

图 10-1　国家能源集团准能集团位于内蒙古鄂尔多斯市准格尔旗的复垦区治理前后地貌的对比

2019 年 1 月，山东兖矿集团鲁西发电项目 2×60 万千瓦级煤炭地下气化发电工程正式开工建设。这是山东省内首个大型煤炭地下气化发电工程，也是煤炭绿色开采利用的再次创新。

油气资源的清洁化生产同样重要。目前，"三桶油"[①]都将绿色发展和节能减排放在重要位置。

作为我国大型能源央企，中海油始终以提供优质能源为己任，坚持"绿水青山就是金山银山"的理念，实施绿色低碳战略，主动适应建设"美丽中国"的新要求，在海洋油气资源开发中始终践行"在保护中开发，在开发中保护"的原则。

我们以最大的海上油田——渤海油田为例（见图 10-2）。渤海油田创造了连续 8 年稳产超 3000 万吨的新纪录，50 年来已累计生产原油 3.5 亿吨，为国民经济的发展充当了能源"后盾"。然而，渤海是内海，自净能力

① 即中石油、中石化和中海油。

相对较弱，加之众多方面在渤海的开发活动十分频繁，渤海湾的生态环境保护确实面临着较大的压力。

　　渤海油田处于一片富饶的海域，海油人常怀感恩之心，为渤海的绿色开发作表率，为渤海的碧波环绕贡献力量。渤海油田在开发、开采过程中，坚持"清洁渤海，和谐油田"的理念，除了油气什么都不带走，除了蓝色什么都不留下。

图 10-2　渤海油田某平台

（李佑坤／摄）

　　为了实现这一理念，渤海油田施工方对渤海油田的建设在项目评估阶段便做出了详尽的环评报告，并针对可能存在的污染提前采取措施。守护碧海，责无旁贷。在项目建造、安装及油气田的开发过程中，渤海油田施工方更是将环境保护作为"天字号工程"，生产污水处理后回注地层，生活垃圾及工业垃圾全部集中存放，并定期运回陆地集中处理。

10.3 碳捕集与封存的价值

2017 年 5 月 22 日，英国《金融时报》的一篇文章引起了不小的轰动。这篇报道披露了中国向新能源技术进发的下一步动作——将碳捕集与封存技术推向商业化。

碳捕集与封存（CCS），就是将释放到大气中的二氧化碳捕集压缩，并压回到枯竭的油田、天然气田或者其他安全的地下场所。可以说，这项技术是在和空气"较劲"。

CCS 技术之所以在全球范围内备受关注，很重要的一个原因在于其能够有效减少燃烧化石燃料产生的二氧化碳。自工业革命以来，全球地表温度持续上升。联合国政府间气候变化专门委员会（Intergovernmental Panel on Climate Change，IPCC）研究发现，人类活动，特别是以化石能源大规模利用为主的能源活动，造成大气中以二氧化碳为主的温室气体浓度快速上升，这也是导致气候变暖的主要原因。

应对气候变化，减少温室气体排放，实现能源系统的低碳化，已经成为越来越多人的共识。人们意识到，要保护地球环境，实现可持续发展，就必须设法把大气中的二氧化碳含量降下来。IEA 的评估表明，为实现在 21 世纪末将全球气温上升的幅度控制在 2 摄氏度以内的共同目标，预计到 2050 年，CCS 技术需至少贡献 14% 的减排量。

CCS 技术是减少火力发电厂、钢铁和水泥厂等大规模集中排放源排放二氧化碳的重要举措。根据测算，这种技术可以捕获发电厂排放的 90% 的二氧化碳。我国 3/4 的发电量都来自燃煤，因此 CCS 技术存在着巨大的发展潜力。我国对 CCS 技术的探索也从来没有停止过。

过去 10 多年来，位于内蒙古鄂尔多斯市伊金霍洛旗的国家能源集团鄂尔多斯煤制油分公司，依托我国首座百万吨级煤直接制油工厂，在国家科技支撑计划的支持下，与中国科学院、北京师范大学、北京大学、清华大学等院校合作，建设了 10 万吨 / 年二氧化碳捕集和封存全流程示范项目。

在这里，整体 CCS 过程分捕集和封存两个阶段，其中捕集部分在厂区进行，通过压缩、冷冻处理将高浓度的气体二氧化碳转变为液体二氧化碳，并暂存至厂区内容量为 650 立方米的储存罐内，而封存阶段则是将暂存的二氧化碳注入距离厂区 13~15 千米的非采矿区地下。

自 2011 年 5 月 9 日开始连续注入作业，至 2015 年 4 月 16 日，共封存二氧化碳 30.26 万吨，随后项目进入监测期。鄂尔多斯盆地的地质结构有圈闭、低孔、低渗等特点，是实施二氧化碳封存的理想区域。近 9 年的监测数据显示，封存区地下水质、压力、温度和地面沉降、地表二氧化碳浓度等指标没有明显变化，采用示踪技术也未监测到二氧化碳泄漏的现象。

尽管国家能源集团鄂尔多斯煤制油分公司的这一项目在 CCS 技术上还仅仅是示范性尝试，但对于我国整个煤化工行业来说，尽早实现工业化、规模化的 CCS 技术是必须完成的目标。与燃煤发电项目相比，煤化工项目在二氧化碳捕集上有着量大质纯的"先天优势"。煤化工需要在高温高压的化学反应中调整煤炭中的碳、氢比例，因此将直接产生大量高浓度的二氧化碳。如果能发展 CCS 项目，则可以大大降低碳排放量。

从另一个角度看，CCS 项目的实施还可以实现一定的商业价值。被捕集的碳可以重新用于石油开采、冶炼等。全球最早成功完成"碳捕集与封存"试点项目的挪威国家石油公司证实，在油田里灌入二氧化碳，可以使石油的采收率提高 40%~45%。

有专家预言，CCS 技术或将引领世界能源进入 3.0 时代，对治理环境和保护生态起到有效的作用，是满足人类社会可持续发展的最终能源选择。

10.4　创新是关键一招

根据党的十九大报告的重要部署，我国将推进能源生产和消费革命，构建清洁低碳、安全高效的能源体系。这对于清洁能源的利用提出了更高的要求。

当前，我国化石能源的清洁化利用已经取得了许多突破性的进展，但是也存在不少问题和困难。

以煤炭为例。随着我国经济社会的发展，人民对美好生活的需求日益增长，对生态环境、清洁能源等方面的要求也日益提高，结合我国以煤炭为主的能源结构，对煤炭清洁高效利用的新要求显得更加迫切、更受期待。同时，新能源、可再生能源资源总量不足等问题突出，以清洁能源保障稳定供应的压力大，而煤炭与天然气、电力相比，其清洁化利用在外部保障条件上具有优势，但在废弃物排放方面仍存在不足。

在这种情形下，煤炭行业需要深入研究应对新一轮技术革命带来的机遇和挑战。新一轮技术革命的核心是智能化、信息化、大数据、绿色化。煤炭行业抓住新技术、新材料、新工艺、新业态快速发展带来的机遇，深入研究煤炭革命的战略方向、技术路线图，方能促进煤炭由传统能源向清洁能源的战略转型。

对于石油、天然气等化石能源而言，科技创新和数字化转型同样是实现清洁化利用水平不断提升不可或缺的要素。油气企业需要以更大的决心进行源头和过程控制，积极开发和引进新技术、新工艺、新设备，采用清洁化生产技术和节能环保设备，提高数字化、智能化水平，努力减少污染物排放，提高资源利用效率。同时，油气企业要加快推动产品绿色化。

《"十三五"节能减排综合工作方案》明确提出，到 2020 年，工业能源利用效率和清洁化水平将显著提高，规模以上工业企业单位工业增加值能耗比 2015 年降低 18% 以上，电力、钢铁、有色金属、建材、石油石化、化工等重点耗能行业的能效达到或接近世界先进水平。

我们期待，化石能源行业紧紧抓住创新这一引领世界发展的第一动力，在理念、科技、产业结构上不断创新，加快转变发展方式，更好地实现绿色低碳发展，为生态文明建设和打造美丽中国做出更大贡献。

本章参考文献

[1] 胡徐腾 . 我国化石能源清洁利用前景展望 [J]. 化工进展 , 2017, 36(9): 3145-3151.
[2] 中国煤炭工业协会 . 中国煤炭工业 40 年改革开放回顾与展望：1978—2018[M]. 北京：煤炭工业出版社 , 2018.
[3] 聂立功，姜大霖 . 全球 CCS 技术商业化路径研究 [M]. 北京：煤炭工业出版社 , 2016.

第十一章

迈向"零碳社会"

引子

《巴黎协定》的签订为 2020 年后全球合作应对气候变化明确了方向,标志着合作共赢、公正合理的全球气候治理体系正在形成。在很多人眼中,《巴黎协定》从某种意义上说与去化石能源、发展可再生能源是"画等号"的。在我国迈向"低碳社会"乃至"零碳社会"的进程中,能源体系也将发生深刻的变化。风能、太阳能等可再生能源究竟将发挥什么样的作用?在未来的低碳能源供应体系中,备受争议的核电能否拥有一席之地?近年来大热的氢能,又是否会成为引领我们迈向"低碳世界"的中坚力量?

2016 年 9 月 3 日，在风景秀丽的杭州，我国国家主席习近平与美国总统奥巴马、联合国秘书长潘基文共同出席气候变化《巴黎协定》批准文书交存仪式。习近平主席在随后的致辞中指出，气候变化关乎人民福祉和人类未来……中国是负责任的发展中大国，是全球气候治理的积极参与者……中国将落实创新、协调、绿色、开放、共享的发展理念，全面推进节能减排和低碳发展，迈向生态文明新时代。

迈向生态文明新时代，是党和国家顺应世情民意后做出的重大决策。我国政府也一直是《巴黎协定》的坚定拥护者，近年来在应对气候变化、推动环境治理方面采取了一系列铁腕措施，取得了积极成效，也得到国际社会的普遍赞赏。在《BP 世界能源展望》（2019 年版）的发布会上，BP 首席经济学家戴思攀表示："中国是落实《巴黎协定》、应对气候变化的积极贡献者，我走到全球各地都在强调这一点。"

11.1　风电加速

"人们往往会高估一年的变化，也往往会低估十年的变化"，用这句话来形容风电产业乃至整个可再生能源产业，恰如其分。

早在 15 年前，时任国家发展改革委能源研究所副所长的李俊峰就预测，全球风电大发展最终还是要看中国市场。彼时，他在与朋友的闲聊中"自嘲"：风电那是丹麦人搞的，你们就当我讲一次中国的童话吧。

10 多年倏忽而过，李俊峰口中的"中国童话"不仅变成现实，甚至已经成了"中国奇迹"。我国风电产业从零起步，从科研试验、示范项目到商业化、产业化应用，10 多年间从小到大、从弱到强，走过了一条迂回曲折又波澜壮阔的崛起之路。我国风电产业已经成为世界能源产业森林中的一棵"参天大树"。

这 10 多年，我国风电装机规模快速扩张。2006 年，我国风电累计装机容量仅为 254 万千瓦，2017 年风电累计装机容量已达 1.88 亿千瓦，短短 12 年增长了 73 倍。我国 2006—2017 年风电装机容量统计见图 11-1。2016 年出台的《风电发展"十三五"规划》明确提出，"到 2020 年底，风电累计并网装机容量确保达到 2.1 亿千瓦以上"。目前，我国风电连续多年新增装机容量居全球首位，已取代美国成为全球第一风电大国。风电也超越核电，成为我国仅次于火电、水电的名副其实的第三大主力电力能源。

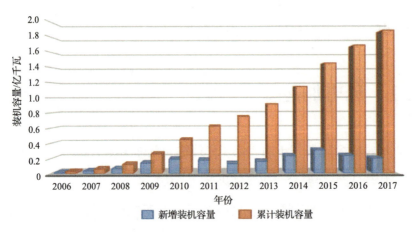

图 11-1　我国 2006—2017 年风电装机容量统计

（资料来源：中国可再生能源学会风能专业委员会）

我国风电快速发展的这些年，国内本土企业加速崛起，外资企业纷纷退败，风电产业"战火"纷起，"群雄逐鹿"，市场版图数次生变。随着一批国内风电企业的崛起，国内风电市场竞争明显加剧，维斯塔斯、通用电气、西门子、歌美飒（现被西门子收购）等外资巨头明显"水土不服"，在竞争中处于下风。翻阅相关资料可以发现，在 2012 年前后，就在我国风电装机量一路飙升的同时，曾经风光无限的外资风机制造商的市场份额却从最高的 75% 一路下滑至 10%。据风能协会的数据，到 2014 年底，本土企业在国内新增风电装机容量中的份额已经超过 98%，外资厂商的份额则降到了令人惊讶的 2% 以下。[①]

回望过去 10 年，我国风电产业的确发生了翻天覆地的变化，这个过程中也出现了诸多可歌可泣的故事，用一整本书的篇幅来讲述也毫不为过。当然，在看到巨大成绩的同时，我们也要清醒地认识到眼下风电产业还面临诸多挑战，如难解的弃风限电（每年有数百亿千瓦时的电被弃）、环保问题的制约（多个南方省份因风电有损环境，放慢了风电发展步伐）、非技术成本高、平价上网争议颇多、国内企业海外竞争力不强等。应对这些挑战是风电产业未来 10 年发展的关键。

未来我国风电产业演进方向可能出现新的趋势，从集中式风电向分散式风电进化。分散式风电指靠近负荷中心、就近接入当地电网进行消纳、不需要远距离输送的风电项目，接入电压等级在 35 千伏及以下。这个概念提出了很多年，但由于政策壁垒没有打通等原因，多年来发展一直不太顺利。2018 年被业内认为是分散式风电发展元年，此后，分散式风电将会加速发展。预计到 2020 年，我国分散式风电装机容量将达 20 吉瓦，每年分散式风电装机规模增速将达 100% 以上。

我国海上风能资源也很丰富，发展海上风电的优势明显，而且又不占

---

① 参见新浪财经 2019 年 4 月 16 日的文章《风电的战争》。

用土地，还靠近东部地区电力负荷中心，海上风电或将迎来爆发式发展。之前由于技术阻力等一系列问题，海上风电的发展一直被忽略。实际上，当前我国海上风电已经基本具备大规模发展的条件，部分项目陆续进入开工建设期。当前我国海上风电装机规模连续 5 年快速增长，已经跃居全球第三。

随着数字化技术的快速发展，风电产业也将呈现数字化和智能化的发展趋势。随着平价上网时代的到来，承受着成本压力的风电企业正在拥抱数字化，未来 10 年内"会思考的风机"将成为主流，而无人风场也会逐渐成为现实。数字化、智能化等创新技术的应用，将有效提高风电产品开发以及运营维护的效率和质量，有利于降低度电成本 ②，为风电产业可持续发展提供重要支撑。

11.2　光伏的新征程

2016 年，麦肯锡全球研究院发布了中国与美国的创新实力对比报告，该机构通过分析中国和美国在多个行业的创新表现后得出结论：过去几年，中国光伏产业的竞争优势已大大提升。

纵观我国风电产业、光伏产业这些年的发展过程，有学者曾经做过一个形象的比喻，风电产业是"墙里开花墙里香"，光伏产业则是"墙里开花墙外香"。我国的风电鼓励政策及市场培育了我国的风电产业，而光伏产业则更多地依赖国际市场，通过贸易竞争打造了我国独特的国际竞争力。

近年来，与风电产业相比，我国光伏产业发展之迅猛有过之而无不及。

---

② 度电成本是指发电机组生产中平均输出 1 千瓦时（1 度）电的实际成本。

2007年，国内太阳能发电装机容量仅100兆瓦。2012年发布的《太阳能发电发展"十二五"规划》提出，到2015年底，我国太阳能发电装机容量达到2100万千瓦以上。《可再生能源发展"十三五"规划》提出，到2020年底，全国太阳能发电并网装机确保实现1.1亿千瓦以上。但时间和事实证明，我国光伏产业的发展远超预期，2015年底我国累计太阳能发电装机容量已超过40吉瓦，到2018年底，累计太阳能发电装机容量已超过174吉瓦，光伏产业链的主要环节均取得了突破性增长。2011—2018年国内太阳能发电年度新增装机规模以及2019—2025年新增装机规模预测见图11-2。

图11-2 2011—2018年国内太阳能发电年度新增装机规模
以及2019—2025年新增装机规模预测
（资料来源：中国光伏行业协会）

受益于技术的进步和产业规模的提升，我国太阳能电池与组件的生产规模迅速扩大，太阳能电池制造技术进步速度不断加快，产品质量位居世界前列，商业化产品效率持续提升。预计在2020年前，晶硅太阳能电池效率将提高到 23% 以上。

我国光伏产业的发展看似一路高歌，其实也历尽曲折，经历过诸多"艰难时刻"。2007 年，我国迈入全球大型太阳能发电设备生产国之列，虽产能巨大，但苦于"两头在外"而掣肘于人，为行业发展埋下了巨大隐患。2011 年末，全球贸易保护主义兴起，受欧债危机爆发的影响，且遭受欧美"双反"调查，全球太阳能发电新增装机容量增速放缓，我国光伏制造业陷入阶段性产能过剩之中，产品价格大幅下滑，全行业亏损。我们见识了光伏产业周期性的动荡与市场竞争的冷酷无情，也更加深刻地认识到，如果不学会敬畏市场，没有意识到产业的周期性风险而盲目扩张，势必会付出惨重的代价。

经历着波折动荡和残酷竞争，我国的光伏企业也在锤炼筋骨，继续成长壮大。一批光伏企业逐渐崛起，成为资本市场的重要力量。数据显示，2017 年，我国 67 家核心光伏上市企业总资产为 10 596 亿元，净利润总和为 230 亿元，营收总和为 4530 亿元，对外净投资总计 891 亿元，对外净融资总计 749 亿元。光伏产业成为拉动国内经济发展的重要力量。[③]

尽管如此，我国光伏产业也还存在诸多不足，这其中，成本竞争力较弱、仍需要依靠补贴是两大"软肋"。一个显而易见的例证是 2018 年光伏531 新政带来的轩然大波。国家发展改革委、财政部、国家能源局在 2018年 5 月 31 日发布太阳能补贴新政策，宣布电力收购价格下调 0.05 元 / 千瓦时，分布式太阳能项目的补助也下调 0.05 元 / 千瓦时。此事被坊间称为"光伏断奶"。通知发布后引起了光伏产业的"地震"。

---

③ 参考新能源网 2018 年 7 月 6 日的文章《光伏 531 新政的"八大教训"》。

经历一轮政策调整，我国光伏产业需要逐步适应没有补贴的政策环境，依靠自身的市场竞争力实现健康发展。随着组件价格的持续下滑，太阳能发电度电成本必然会持续降低，这将推动产业更快迎来"平价上网时代"。同时，经历这一轮产业洗礼之后，上游的多个环节将更加趋向专业化发展，从"诸侯混战"的格局逐步向提高市场集中度转变。

11.3 氢能产业"风口"已来？

2018 年 5 月 11 日，国务院总理李克强在日本首相安倍晋三的陪同下，考察了位于日本北海道苫小牧市的丰田汽车公司相关零部件工厂。李克强总理询问了氢燃料电池汽车 MIRAI 和 e-Palette 概念车的续航里程等方面的问题。当消息传回国内时，氢燃料电池汽车 MIRAI 瞬间"爆红"，吸引了众多媒体和民众对燃料电池汽车的关注。

在 2019 年召开的全国两会上，氢能源概念再次升温。3 月 15 日，第十三届全国人民代表大会第二次会议落幕，审议后的《政府工作报告》补充了"推动充电、加氢等设施建设"等内容。这意味着国家层面开始重视氢燃料电池汽车的基础设施建设。

近年来氢能的利用引发了越来越多的关注。根本的原因在于我国政府和民众对绿色发展越来越重视，而氢能是真正意义上的"零碳能源"。正因为如此，很多人认为，氢能在我国具有广阔的发展空间。2018 年 10 月 11 日发布的《中国氢能源及燃料电池产业发展研究报告》提到，到 2050 年，氢能在我国终端能源体系中的占比至少达到 10%。

种种迹象表明，我国发展氢能的"集结号"已经吹响。2019 年以来，各地陆续落地氢能项目，从大同"煤都"转型"氢都"到张家口利用富余风能制氢，从江苏如皋的"氢经济示范城市"到浙江台州的"氢能小镇"项目，从广东佛山提出"氢能周"概念再到成都打造氢能产业链，氢能产业在全国各地呈现出一派蓬勃发展的景象。

当前，我国已经有十余个省市发布了氢能产业规划，一些重大项目开始投入建设。例如，2019年2月，全球首个以甲醇为加注介质的量产化氢燃料电池生产基地在宁波举行开工仪式。该项目一期投资11.84亿元，年产5万套氢燃料电池。2019年4月10日，由东方电气（成都）氢燃料电池科技有限公司投资建设的氢燃料电池自动化生产线一期工程投产仪式在成都举行，该条示范生产线具备年产1000套氢燃料电池发动机的批量化生产能力。

站在"氢能风口"的化石能源企业也在摩拳擦掌，试图从中分一杯羹。2019年1月，全国最大的煤化工生产企业晋煤集团与法中能源协会签署战略协议，拟通过国际合作探索氢能开发，推动传统能源实现更深层次、更清洁化利用的转变。国家能源集团、同煤、兖矿等多家煤企以不同的方式参与其中。

石油企业也是氢能产业积极的参与者。例如，中石化宣布全方位布局氢能产业，同时在广东佛山积极探索加氢站的试点项目，该公司目前的氢气年产量为200万~300万吨。

在全国上下轰轰烈烈发展氢能的热潮中，我们既要对氢能的未来发展有信心，也应该多一份冷静和理性，避免盲目冲动。应该看到，当前氢能产业仍处在发展的早期阶段，全球绝大多数的项目仍处于中试阶段，还没有已经实现商业化应用的项目，此时若大规模投入，相关企业要做好承担经济风险的准备。

当前我国氢能产业在核心技术的研发和基础设施的建设方面面临瓶颈制约，制氢的关键材料尚未实现国产化，电催化剂、质子交换膜以及炭纸等原材料大都需要进口，且多数为国外所垄断。关键设备的对外依赖抬高了氢能项目的建设成本，导致相关基础设施建设不足，比如，截至 2019 年上半年日本已建成 100 座加氢站，我国仅有 20 多座在运营。此外，目前我国氢能发展的政策法规体系仍不够完善，也限制了氢能产业的发展。④

氢能产业能否为我国迈向"低碳社会"做出更大贡献？相信随着产业政策的逐步到位、技术创新的突破以及投资热情的逐步高涨，我国氢能产业会走上一条可持续发展的道路。但就像上述风电和光伏产业的发展历程一样，氢能产业的发展也不可能是一帆风顺的，从政府到产业，各相关方要多一份专注与恒心，多一些耐心与包容，共同培育好氢能产业这个大市场。

11.4 核电的未来

2019 年 4 月 1 日，在中国核能可持续发展论坛 2019 年春季国际高峰会议上，生态环境部副部长、国家核安全局局长刘华表示，中国将在确保安全的前提下继续发展核电，2019 年会有核电项目陆续开工建设。

2011 年日本福岛核电站事故发生之后，我国主动调整了核电发展的规划，有意放缓了核电发展的节奏。按照此前国家提出的核电发展目标，每年要开工 6~8 台核电机组。但自 2015 年核准为新建 8 台核电机组后，我国核电行业经历了 3 年多的"零审批"状态，一个重要原因在于核电技术，

---

④ 参考南方能源观察网站 2019 年 4 月 11 日的文章《氢能发展走高铁模式还是汽车模式？》。

尤其是第三代核电技术的可靠性、安全性仍需验证。如今，核电重启终于开闸。

回顾核电的发展历史，我国第一座核电站——秦山核电站于 1985 年开工，1991 年 12 月 15 日首次并网发电，1994 年投入商业运营。截至 2019 年 3 月，我国内地在运核电机组 45 台，装机容量 4589.5 万千瓦，2018 年核电发电量 2944 亿千瓦时，位列全球第三（仅次于美国和法国）。我国核电对国民经济的健康发展起到了重要作用。

2018 年以来，我国共有 8 台核电机组相继建成投产，目前还有 11 台核电机组正在建设之中，在建规模连续多年保持全球领先。作为推动第三代核电发展的主要国家，我国投入运行和正在建设的第三代核电机组已经达到 10 台，占世界第三代核电机组的 1/3 以上。我国已成为全球第三代核电技术的主要应用市场。

环顾全球，在全球其他地区尤其是欧洲国家"退核"趋势十分明显的情况下，我国核电发展几乎呈现出"风景这边独好"的态势。业内专家预计，2020—2030 年我国核电规模会有 1.5 亿~2 亿千瓦的装机容量，2030—2050 年，乐观估计可能再增加 3 亿千瓦。

全球核电建设为何会出现"冰火两重天"的景象？主要原因在于不同国家和地区对核电的经济性、机组性能、安全性等方面认识上的差异。从经济性上看，在欧美，新建核电机组发电与风电等可再生能源发电相比已明显失去竞争优势。欧洲未来的电力体系将以可再生能源为主体，核电机组启动慢、调峰性能差，被认为很难与未来的电力体系兼容。而在我国，在目前以传统化石能源电力为"基荷电源"的体系中，核电还感受不到这种压力，与其他电力能源相比仍然是有竞争力的。

值得一提的是，欧洲国家尤其是德国不再使用核能发电的一个重要原因在于对核电安全性能的担忧。德国于日本福岛核电站事故之后迅速做出"弃核"决定，根本原因在于对核电安全生产缺乏信心。对我国来说，尽管国内核电机组始终保持了良好的运行记录，整体安全水平正在逐年提升，但人们对核电安全性的担忧始终挥之不去。

一些专家认为核电不是"百分之百安全"的（恐怖分子袭击、天外陨石、冷却水断绝等都是风险）；也有部分专家认为，核电安全问题完全是可控的，没必要杞人忧天；还有一些专家认为，核电在我国绿色低碳能源体系的建设中不可或缺。

如何破解上述的"核电争论"？我们认为，在我国紧迫的环境治理形势下，核电作为零碳能源，能够为国家低碳发展做出贡献，核电相对其他电力能源也具有一定的经济性优势，因此在未来还具有发展空间，但前提是必须确保核电机组的绝对安全。另外，就是要加快发展风能、太阳能等可再生能源，不断提升风电与光伏发电的经济性、供应稳定性及供应规模，通过市场竞争的方式让部分丧失竞争力的能源产业退出历史舞台，但这无疑需要我们更长时间的等待。

本章参考文献

[1] 王高峰 . 能源 2.0[M]. 北京：石油工业出版社 , 2018.

第十二章

拥抱能源互联网

引子

21 世纪以来，能源、环境、气候变化问题严重制约着全球可持续发展，成为各国面临的共同挑战。推动能源互联网建设被认为是解决上述问题的重要方案之一，日益引发世界各国的广泛关注。习近平主席先后在联合国发展峰会和北京"一带一路"国际合作高峰论坛上，提出探讨构建全球能源互联网，得到国际社会的高度赞誉和广泛响应。建设全球能源互联网也得到联合国秘书长安东尼奥·古特雷斯的高度肯定，它被认为是实现人类可持续发展的核心和全球包容性增长的关键所在。全球能源互联网对我们究竟意味着什么，中国又该如何推进它的建设？

北非撒哈拉沙漠地区每年最长的日照时间带来的光能，"驱动"夏日里东京高楼大厦的空调；东西伯利亚地区长年不断的风能，转化成电"点亮"伦敦住宅的台灯；我国西部高原地区本应"弃风弃光"废弃的电力，输送到非洲中南部缺电的农民家中……这些"科幻"的场景或许可在未来全球能源的互联互通中变为现实。

对很多人而言，全球能源互联网是一个全新的概念；而对中国能源人来说，推动全球能源互联网建设也是一项崭新的事业。这短短的 7 个字背后究竟包括哪些丰富的内涵？全球能源互联的愿景将如何实现？又将给人类社会带来多大的便利和福祉？

12.1 跨越国界的大手笔

2017 年 11 月，一则关于日本亿万富翁、软银集团 CEO 孙正义计划打造"东北亚超级电网"的消息引发了世人的广泛关注。

孙正义要打造的超级电网实质就是把中国、俄罗斯、蒙古、日本、韩国这 5 个国家的电网连接起来。在他看来，这样做的好处是，东北亚国家能够分享能源供应，尤其在发生自然灾害的情况下，可确保区域的能源安全。孙正义为此大胆地做出了尝试。2017 年 10 月，软银集团在蒙古戈壁滩上建立的 50 兆瓦的新风力发电厂投入使用。孙正义称，这是亚洲超级电网项目下"软银踏出的第一步"。

"东北亚超级电网"彰显了孙正义的勃勃雄心，但与 2015 年我国首提的"全球能源互联网"计划相比，就有点"小巫见大巫"了。2018 年 3 月，在北京举办的全球能源互联网大会上，全球能源互联网发展合作组织主席刘振亚表示，构建全球能源互联网的顶层设计已经完成，技术装备不断突破，加快发展的条件已经具备。

从刘振亚发言中描绘的远景图来看，建设全球能源互联网是一个横贯全球五大洲的、气势恢宏的"大手笔"。一是建设亚欧非"五横六纵"通道。汇集北极、北海风电，北非、西亚太阳能发电，非洲中东部、中国西南部、东南亚北部水电等清洁能源电力，向亚欧非电力消费中心输送，实现多能互补和跨时区、跨季节互济。二是建设美洲"四横三纵"通道。汇集美国中部风电、亚马孙水电、智利北部太阳能发电等可再生能源电力，向美国东西部、加拿大东部和巴西东南部等电力消费中心输送，保障洲内电力供应，实现南、北美洲电力互济。

据刘振亚介绍，建设全球能源互联网也有着明确的实施路线图：总体将按照国内互联、洲内互联、全球互联3个阶段推进。2025年，跨国联网实现重要突破；2035年，基本实现各大洲洲内电网互联，亚洲、欧洲、非洲率先跨洲联网；2050年，基本建成全球能源互联网。[1]

▶ 小档案

全球能源互联网是什么？

全球能源互联网是一个无国界范围、由最基本能源要素构成并借助新型方式实现的配制交换网络。全球能源互联网将由跨洲、跨国骨干网架和各国电压等级网构成，连接位于北极、赤道等地的多个大型能源基

---

[1] 参考中国电力企业联合会网站2018年3月30日的文章《2018全球能源互联网大会在京召开》。

地，适应各种集中式、分布式电源，能够将风能、太阳能、海洋能等可再生能源输送给各类用户，是一个服务范围广、配置能力强、安全可靠性高、绿色低碳的全球能源配置平台，具有网架坚强、广泛互联、高度智能、开放互动等特点。

在我们看来，在全球能源生产消费不均衡、应对气候变化日趋紧迫的大背景下，推动全球能源互联网建设是顺应全球能源低碳化转型的重大举措。根据一些机构的测算，到 2050 年，清洁能源发电装机容量占总装机容量比例将超过 80%。在未来以可再生能源为主体的电力体系中，如何解决光伏、风电等可再生能源电力的波动性问题？从目前来看，建设一个区域互联互通的电力网络是实现电网平衡的重要途径。

建设全球能源互联网，将有利于推动能源配置由局部平衡向跨国跨洲和全球化配置转变，这无疑会加速能源生产由化石能源主导向清洁能源主导转变，能源消费由以煤炭、石油、天然气等化石能源为中心向以电能为中心转变的进程，将推动人类社会进入高度清洁化、电气化和全球化的新时代。

建设全球能源互联网，也将是全球携手合作，遏制气候变暖、实现绿色低碳发展的重要途径。面对日益紧迫的气候变化议题，通过构建全球能源互联网，实现全球清洁能源的互联互通，将在能源领域加速清洁能源替代的进程，为应对气候变化提供一个可行的解决方案。

对我国来说，建设全球能源互联网也将是实现碳减排的重要路径。联合国开发计划署驻华代表处国别副主任何佩德就认为，中国要实现巴黎气候大会上碳排放在 2030 年达到峰值的承诺，发展清洁能源是非常有必要的手段，而构建全球能源互联网将有助于实现这一承诺。

推动全球能源互联网建设，也将为消除"能源贫困"、促进全球经济持续繁荣创造重要契机。当前全球仍有 8.4 亿人生活在缺电的环境中，加快建设全球能源互联网，能够减少全球无电人口，让人人有机会享有充足、经济的绿色能源。

同时，全球能源互联网还将带动新能源、新材料、人工智能、大数据、电动汽车等领域的技术创新和产业发展，为当前相对疲弱的经济增长注入新动能。据估算，构建全球能源互联网能够拉动世界投资规模超过 50 万亿美元，将有力带动高端装备制造等新兴产业的发展。

尽管全球能源互联网建设开局势头良好，但客观地说，这一宏图伟业仅仅是"万里长征刚刚迈出第一步"，我们要清醒地认识到全球能源互联网建设还将面临诸多的困难和挑战。例如，近年来逆全球化思潮涌动，单边主义、孤立主义抬头，是否会对全球能源互联网计划的实施带来不利影响？又比如，清洁能源电力在全球范围优化配置的问题需要技术和制度的双重支撑，这是一个难度巨大的课题。还比如，全球大联网的经济性究竟如何，安全问题又该如何解决？只有逐一解决好这些疑虑和问题，构建全球能源互联网的伟大构想才能真正变成现实。

12.2　微电网向我们走来

著名未来学家杰里米·里夫金在《第三次工业革命》一书中提到，集中型的超级电网与分散式的智能网络之争，将决定我们的子孙究竟要从我们手中继承一个什么样的经济和社会。

应该说，里夫金提出了一个关于未来电网发展的至关重要的问题：

未来电网是朝着"同步电网数量越来越少、电网规模越来越大"发展，最终形成以特高压（主要是交流特高压）为骨干网架、全球互联并统一调度的超级大电网，还是随着可再生能源分散化生产和消费的模式的日益普及，再加上储能技术的突破和广泛应用，传统大电网逐步消亡，分布式的微电网模式取而代之？

从国外部分国家的实践来看，一些国家对建设以特高压为骨干的超级大电网有过尝试，但最终都放弃了。例如，美国最初在特高压方面做了很大投入，但 2003 年的美加大停电事故让美国觉得，任何一处故障都会影响整个交流同步电网，同步电网规模愈大，线路愈长，电压崩溃事故愈容易发生，而且很容易产生连锁反应，造成大规模电网停电事故。

在极端恶劣的天气爆发越来越频繁的今天，传统大电网遭到破坏的概率正在升高，其影响范围和造成的损失也越来越大。2003 年 8 月，一次大面积停电事故造成美国东北部和加拿大东部地区大约 5500 万人遭遇断电。2012 年 10 月飓风"桑迪"袭击美国东部，导致 800 万人遭遇断电。同年 7 月，印度发生了世界上最大的断电事故，造成该国一半人口遭遇断电。美国列克星敦研究所称，由于电网的供电弹性问题，美国平均每天至少有 50 万人受到停电的影响，每年造成的损失达 1190 亿美元。

相比于大电网崩溃可能造成严重后果，微电网的优越性在于，可将其作为简单的可调度负荷或可定制的电源来满足用户多样化的需求。在主网发生故障或者瘫痪时，微电网可与主网断开，单独运行，避免单一供电模式造成的地区电网薄弱和大面积停电事故，提高了供电系统的安全性、灵活性和可靠性。例如，超级飓风"桑迪"袭击美国东部造成大电网瘫痪时，普林斯顿大学的微电网却一如既往地平稳运行，为校园内建筑和基础设施提供电力，被喻为黑暗中的一座"微型灯塔"。

近年来，微电网越来越受到世界各国的重视，被认为是推进电力系统安全可持续发展的一条重要出路。目前，世界上的许多国家已开展微电网研究，全球规划、在建及投入运行的微电网示范工程达 400 多个，分布于北美、欧洲、东亚、拉美、非洲等地区。

相比于美国、日本和欧洲，我国的微电网项目起步较晚。但随着我国电力系统规模的不断增大、全国电网系统互联性的不断加强，以及电力消费的多元化发展，我国电力系统面临越来越大的安全和可靠性压力，智能微电网建设的重要性和紧迫性日益凸现。我国在全面开展以特高压为重点的跨区域输电工程建设的同时，也未忽视微电网的建设。2017年，微电网项目建设被正式提升至国家层面，国家要求在电网未覆盖的偏远地区，优先选择新能源微电网方式架设供电线路，探索独立供电技术和经营管理新模式。由此，浙江南麂岛微电网、吐鲁番微电网等一批示范工程涌现出来。

12.3　泛在电力物联网

2019 年 3 月，全球电力公用事业"巨无霸"——国家电网公司提出，建设世界一流能源互联网企业的重要基础，是要建设运营好"两网"，包括"坚强智能电网"和"泛在电力物联网"。这是"泛在电力物联网"这个名词首次出现在大众视野中。

国家电网公司表示，建设泛在电力物联网是当前最紧迫、最重要的任务，到 2021 年要初步建成泛在电力物联网，到 2024 年要全面建成泛在电力物联网。按照国家电网公司董事长寇伟的解释，泛在电力物联网就是围绕电力系统各环节，充分应用移动互联、人工智能等现代信息技术、先进通信技术，实现电力系统各环节万物互联、人机交互，具有状态全面感知、信息高效处理、应用便捷灵活特征的智慧服务系统。

据了解，目前国家电网系统接入的终端设备数量超过 5 亿（其中包括 4.5 亿只电表，各类保护、采集、控制设备几千万台），预期到 2030 年，接入系统的设备数量将达到 20 亿，整个泛在电力物联网将是接入设备最大的物联网生态圈。

很多人会问，"人机交互""智慧服务""泛在物联"这些名词过于专业，这个网究竟会给我们的日常生活带来哪些改变？举个现实生活中比较通俗易懂的例子：想象一下寒冷的冬天，刚下班的你希望回家后立马能享受热水和暖气，于是你在路上就用手机为家中的热水系统和空调设定好了温度，节省了时间和精力。帮助你完成这一切的系统正是泛在电力物联网，"泛在"指的是时间、地点、人物皆不受限，也就是无处不在的意思。

从上述例子可以看出，与坚强智能电网侧重于发输电端不同，泛在电力物联网注重的是用户需求端。泛在电力物联网可以将电力用户及其设备、电网企业及其设备、发电企业及其设备、供应商及其设备以及人和物连接起来，共享数据，为用户、电网、发电站、供应商和政府服务。同时，泛在电力物联网在统一感知、实物 ID 应用、精准主动抢修、虚拟电厂、智慧能源服务一站式办理、大数据应用等领域也将发挥重要作用，为电网企业和新兴业务主体赋能。

当然，泛在电力物联网目前还只是一个概念，要真正实现预期目标，还有很长的路要走。

12.4 万物互联

就在国家电网公司布局泛在电力物联网的同时，我国一家著名的企业华为技术有限公司（简称华为）则正在谋划一张更恢宏的版图——构建万物互联的智能世界。

作为全球最著名的科技公司之一，"构建万物互联的智能世界"成为华为反复对外输出和强调的愿景。华为在其官网上用了一段颇有诗意的文字来描述他们眼中的智能新世界："未来，万物相互感知、相互联接，AI 如同空气、阳光，无处不在、无私普惠，物种抹去隔阂，族群抹去猜忌，地域抹去疆界，甚至连星际宇宙都抹去神秘。让我们一起把数字世界带入每个人、每个家庭、每个组织，构建万物互联的智能世界。"

从目前的情况来看，人类离构建万物互联的智能世界还有很长的一段路要走。当前，地球上的一部分地区已经开始从数字化向智能化演进，而在另外一部分地区，连最基本的数字化水平都还未达标。根据华为统计，2018 年全球智能手机保有量已达 38 亿，但仍然有 50 亿人没有智能手机；全球人均流量消费分布还很不均衡；很多企业都部署了云系统，但大部分企业只在办公网络上部署云系统，没有把生产网络、产品和客户有机连接起来，更谈不上数字化生产、智能制造，真正已经开始使用人工智能的企业连 1% 都不到；部分家庭设备都开始智能化了，但其他多数设备却还没有连接到网络中。[②]

也就是说，在全世界范围内，在人与人之间、企业与企业之间、国家

---

② 参考华为官网 2018 年 9 月 3 日的文章《华为轮值董事长徐直军：构建万物互联的智能世界》。

与国家之间，目前仍存在巨大的数字鸿沟和智能鸿沟。因此，迈入数字世界的第一步，是对万物感知和万物互联的升级。根据华为预计，到 2025年，个人智能终端数将达到 400 亿个，全球物联网连接总数将达到 1000亿个，这 1000 亿个连接将使整个社会从消费互联网迈向产业互联网。万物感知带来的数据洪流将与各产业深度融合，形成工业物联网、车联网等新兴产业。

在万物互联的新世界，泛在电力物联网将给各行各业的发展以及城市建设等方面带来巨大价值，将会实现"能源 + 智能""交通 + 智能""制造 + 智能""城市 + 智能"等多种场景应用，助力各行各业实现跨越式发展。

例如，澳门电力有限公司（以下简称澳电）一直不遗余力地推广新技术的应用，可算是"能源 + 智能"的典范。澳电在 2000 年就开始实施配网的自动化部署，并于 2005 年全面实现配网自动化。澳电在 2007年开始采用数字化变电站，在 2008 年开始试点中压闭环控制技术，并在同年开始使用停电管理系统等。澳电通过对这些智能电网技术的应用，有效提升了供电的稳定性及服务质量。长期以来，澳电供电可靠性指标一直都处于全球领先水平，平均服务可用指数在 99.9998%，即 5 个 9的水平，最好时可达到 6 个 9 的水平，系统平均停电时间维持在约 2 分钟的水平。澳电目前正在加紧实施智能计量项目、设备状态实时检测等资产管理项目，以及上线电动汽车充电管理系统、分布式光伏系统等，同时积极研究共同管道、智慧街灯等新技术，这些都必将进一步提升澳电的服务品质。

对于每一个个体而言，构建万物互联的智能世界也有助于释放每个人的潜能，让特殊的人不再特殊，让人与人之间的交流更加顺畅。有机构预计，2025 年智能助理普及率将达到 90%，12% 的家庭将拥有智能服务机器人；全球 3900 万盲人和 2.46 亿低视力人群将得到导盲机器人的辅助，从而可以行动自如。而智能语音的翻译将让不同国家用户之间的交流不再受到语言的困扰，AI 拍照技术将让不会玩专业相机的人也能达到专业级的拍摄水平……万物互联的智能世界，将是一个更加便捷高效、更能体现人文关怀、更能释放人类潜能的新世界，我们期待这一天能够早点到来！

本章参考文献

[1] 里夫金 . 第三次工业革命 [M]. 北京：中信出版社，2012.

第十三章

能源改变未来

引子

　　能源融合、智能发展的时代即将来临，这将深刻改变未来的能源格局。未来的交通方式是怎样的，新能源汽车是否会成为主流？未来的建筑将用什么方式实现节能？未来的城市如何走生态化建设之路？可以肯定地说，随着能源行业的发展和变化，分布式能源、储能和电动汽车应用、智慧用能和增值服务、绿色能源灵活交易、能源大数据服务应用等新模式、新业态的实施和应用，将对我们未来工作、生活的很多方面产生深刻影响。

2018年的上海首届中国国际进口博览会单独设立了汽车馆，吸引了很多参观者的目光，这也是全场唯一一个单一商品项目展馆，展示了来自16个国家和地区近70家公司的汽车整车和零部件，集中展示了当今汽车行业未来发展的最新技术与整车产品，包括新能源车、自动驾驶技术、氢燃料电池技术、汽车动力系统等。

从自动驾驶到超级高铁，从飞行出租车到亚轨道旅行，那些已经诞生和正在开发、测试中的创新技术让我们的出行越来越便捷，让我们的世界变得越来越小。而要实现这一切，智能化技术是基础，使用何种能源作为动力则是核心。

由于能源转型和技术发展，人类社会在21世纪中叶可能会出现一种与当下截然不同的能源体系。在这种能源体系下，人类的生产生活所需的能源可以得到有效保障，而且不会对环境和气候产生无法弥补的影响。未来能源系统将是什么样的？现在还没有人能给出完整的诠释。但我们可以构想的是，它的底层是清洁能源、分布式能源、储能等新的能源技术，它的中层是物联网、大数据、超级大脑、智能算法，它的应用层是智慧能源、智慧城市和智慧生活（见图13-1）。

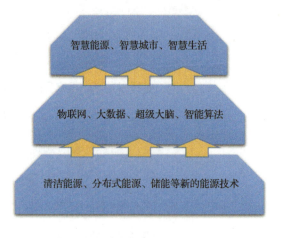

图13-1 未来能源体系图示

13.1　能源"游戏规则"悄然生变

2015 年 12 月在巴黎气候变化大会上通过的应对气候变化的《巴黎协定》是一份标志性文件，该协定的目标在于使全球平均气温升幅控制在工业化前的水平以上低于 2℃之内。这项艰巨的任务才刚刚开始，成功是有希望的，但并非唾手可得。为了实现这一目标，人类社会发展到一定阶段就必须实现近零碳排放甚至"负碳"排放，即从空气中提取并减少二氧化碳的存量。这是对现有能源体系的巨大挑战，也正改变着全世界的能源"游戏"规则。

我们站在能源变革的起点，正在不断推进能源的跨界融合。互联融通、清洁高效的能源系统成为未来发展的方向，先进信息技术与能源行业深度融合，将成为未来能源发展的主要特点，全产业链、全生态体系发展越来越需要从系统、协同、共享等思维角度去探索和考察，从而立足未来，推进能源生产和消费革命。可以说，未来能源的融合、智能化发展已经不是理念问题，而是输出实践的过程。分布式能源、储能、电动汽车等能源发展新业态正逐步成为能源领域新的关注点和增长点。

新一代人工智能技术的突破将对能源发展产生全局性的影响。大数据时代的人工智能基于超强的数据获取能力、计算能力和无处不在的传感网以及神经网络技术，带来的改变将是革命性的。比如，新的能源系统基于先进传感、物联网、大数据、云计算、深度学习、区块链等技术，应用于电网的智能设备、智能调度、智能交易，有可能颠覆传统电力系统的设备管理、系统调度、能量管理和交易方式。

未来的能源系统还具有鲜明的智慧性特征，能源的产生、储存、分发、监控、需求呈现出广泛的互联和智能特性，从而建立起能源生成和消耗的智能互动，可充分满足用户对能源个性化、多样化的需求，优化资源配置，满足环保约束，实现可靠、经济、清洁、具有互动性的能源供应和增值服务，故被称为智慧能源系统。

能源技术的进步必将带动能源行业服务模式的不断创新。目前能源行业基本上按能源品种来提供服务。未来这种模式将会被打破，围绕用户的多元化需求，综合能源服务等新业态将不断涌现。相应地，今后能源行业的管理模式和管理体制也会随之创新。

13.2　交通新时代

环境保护压力不断增加，不仅对能源生产提出了环保的要求，而且在交通出行领域也有这方面的要求。2009 年哥本哈根世界气候大会之后举行了清洁能源部长级会议，以鼓励全球各国向清洁能源经济转型。转型的早期行动之一是实施电动汽车计划，目标是到 2030 年全球电动汽车保有量达 2000 万辆，届时电动汽车销售量将占新车销售量的30%。越来越多的经济体提出了禁售燃油车的时间表，这预示着未来汽车的动力将逐渐转向电力。

壳牌公司的《"天空"远景报告》提出，这种转型比预期要快得多，到 2030 年全球销售的汽车中将有一半是电动汽车，到 2050 年乘用车将全部是电动汽车。在繁华的大城市中，人们纷纷选择乘坐无人驾驶的电动汽车。而电动汽车之所以能普及，部分原因在于电动汽车的制造相比传统汽车在生产效率上有了极大的提升，例如厂家将标准化的汽车底盘设计与动力结构相结合，以近乎平装的形式运输至销售端，甚至可以利用3D打印技术进行车身定制。这一改变与20世纪初汽车装配生产线的出现一样意义深远，新的制造方式将促使电动汽车快速普及。[①]

自动驾驶是当今汽车领域的热门话题，尽管对许多人而言，自动驾驶是否安全和值得信赖还有待证明，但不可否认，自动驾驶技术将成为未来交通发展的一个重要方向。一旦技术成熟，自动驾驶的车辆不仅可以彼此之间进行通信，还可以与智能基础设施进行通信。联网车辆组成一个庞大的数据安全网，告知其他车辆即将发生的风险，以便在不同环境中控制车速，预防交通事故的发生。

天空将是交通服务的下一个赛场。飞机大幅缩短了人们环球旅行的时间，但从地球一边飞到另一边，仍然需要花费10多个小时的时间。未来，亚轨道航空旅行将改变这一现状，人们通过它可以大大缩短出行时间。一些公司也推出了飞行汽车项目，在未来，我们将能用智能手机召唤飞行出租车。自动驾驶模块化运输舱、无人机和机器人送货都将成为我们出行和运送物品的选择。而如果要在城市间旅行，除了选择更快速、更智能的高速铁路，还可以选择Hyperloop，也就是超级高铁，它利用磁悬浮列车和真空管的组合，可以用接近声速的速度运送人员和货物。[②]

出行的未来就是城市的未来，这两者密不可分。随着世界各地都在加

---

① 参见搜狐汽车频道2018年10月24日的文章，王勇所写的《能源发展如何改变城市的未来》。

② 参见和讯新闻网2018年6月11日的文章，王进所写的《从地面到亚轨道：连接未来的8种交通方式》。

大智慧城市的投资与建设，各种未来出行方式的实现离我们越来越近。人类文明已经跨入智能化时代，未来，汽车也将不再是简单的交通工具和代步工具，而成为智能化时代下的智能生活新移动终端和第三空间。交通的未来与能源的发展密不可分，它的演变既取决于能源技术的发展，也影响着能源进化的轨迹。

13.3　智慧城市

城市是能源消费的主体，如果说智能是未来城市的"灵魂"，那么能源就是城市运行不可或缺的"血液"。城市能源规划与一座城市的发展潜力息息相关。

未来，能源转型与技术进步的协同将重塑新型城市的用能方式。构建智慧城市不只是停留在"吃穿住行"这些浅层的消费行为上，更要依托城市运行规律构建智能化的绿色能源架构。这就意味着要通过能源生产与使用方式的变革，为智慧城市的落地提供合适的场景。

这既包括用可再生能源为城市提供绿色电力，也包括利用能源物联网实现能源的智能调度，还包括楼宇、工业园区以及家庭等城市用能单元，通过配置智慧储能设施，建立智慧能源管理系统，实现对清洁能源的收集、存储及释放，同时应对电动汽车充电等新型负荷给能源体系带来的挑战。在这一场景中，每一个用户都能高效自主地掌控各自能源的使用，同时也能成为能源的提供者。

这样的智慧能源本质上是一种现代化、信息化和智能化的能源管理系统，通过对智慧城市的智能监控与管理，在实现节能减排的同时，为用户提供安全、舒适、便捷、高效的工作与生活环境，并使整个系统和其中的各种设备处在最佳的工作状态，从而延长设备寿命，减少管理成本，降低整体能耗。

随着物联网、大数据、云计算等新一代信息技术的不断发展，以及新兴技术与智慧能源的不断融合，智能能源将创造出新的发展生态，成为智慧城市的重要组成部分。智慧城市要想走出"纸上谈兵"的阶段，需要主动去应对新的能源发展趋势对城市能源管理带来的挑战。

13.4　未来建筑

建筑行业在我国国民经济发展中所扮演的角色有目共睹。但对于建筑行业来说，还存在一个蓝海，其市场空间远未被释放，那就是建筑能源系统的改进。提升能效水平，无论对于新建建筑还是现有建筑而言，都能获得巨大的经济和环境效益。

相关统计显示，我国建筑运行能耗约占全国能耗总量的 20%，如果加上建筑建造过程中带来的能耗，整个建筑领域的建造和运行能耗占全国能耗总量的比例约为 40%。国家发展改革委、住房城乡建设部发布的《城市适应气候变化行动方案》提出，到 2020 年，建设 30 个适应气候变化试点城市，绿色建筑推广比例达到 50%。

我国提升建筑能效的主要措施包括大力发展装配式建筑、推广绿色建筑和建筑能耗监测平台、推进清洁取暖。在建筑能耗巨大的大环境下，未来发展"零能耗建筑"是必然趋势，简单地说就是通过各种节能材料、技术及手段，大幅减少能耗，进而延伸到减少包括水、空气、光线、建筑材料等资源的消耗，实现资源零损耗的目标。

为满足人们对美观、舒适、环保、智能居住环境的追求，未来的建筑将呈现出高科技、现代化、个性化的特点。从能源的角度来说，未来建筑将由能源消耗者变成能源生产者，极具发展前景。借助科技创新的力量，"可以发电"的房子正在成为现实。

有效提升未来建筑的能效有一条重要的途径，即采用"小而美"的分布式能源，这是一种更清洁、更灵活的能源供给方式。例如，"冷热电三联供"作为天然气分布式能源的重要解决方案，通过对燃气热能的充分利用，显著提高了能源的综合利用功效，在许多项目中已见成效。

▶ 小档案

APEC^③ 主场馆

APEC 主场馆——日出东方凯宾斯基酒店位于北京怀柔雁栖湖旁，主体建筑占地为 47 678 平方米，高 79 米，共有 21 层。该场馆采用了特殊的形体设计，整个玻璃外墙使用了 10 000 多块玻璃，面积达 18 075 平方米。

令人惊讶的是，规模如此庞大的酒店所用的电力主要来自绿色环保的水力发电，而照明系统也多是由 LED 节能灯组成。除此之外，该酒店还是我国第一家使用冷热电三联供系统的豪华酒店。由于酒店地处京郊，温度常年比市区低 4～5℃，酒店配备的冷热电三联供系统以清洁

---

③ APEC，即 Asia-Pacific Economic Cooperation，指亚洲太平洋经济合作组织，简称"亚太经合组织"。

的天然气为主要燃料，不仅成为建筑用电需求的良好补充，系统发电后排出的余热还可以通过余热回收利用设备向用户供热和供冷，使得燃气的热能被充分利用，综合能效可达 90% 以上。三联供系统替代空调制冷，节约了大量电力，还能够缓解夏季用电高峰时期的电网压力。

在全球新一轮科技革命和产业变革中，信息技术与能源行业的融合成为一种重要的趋势，新技术、新模式和新业态正在能源领域逐渐兴起。能源领域的新技术层出不穷，不断激发着人类对未来生产和生活的想象，从绿色住宅到智能出行，从智慧城市到智能生活，处处皆有能源变革的影子。能源，正在微妙却又深远地影响着未来。

本章参考文献

[1]《决策探索》编辑部.未来能源大会召开：能源"游戏规则"悄然改变 [J].决策探索（中），2018(1)：1-2.
[2] 陈辉，殷俊平.城市能源技术发展八大趋势，你了解吗？[N].中国能源报，2019-03-07(5).
[3] 唐伟，吴鹏.建筑能效提升：未来尚待开启 [J].能源评论，2019(1)：58-61.

第十四章

尖峰时刻

引子

　　能源的发展进程中，技术的突破带来了能效的提升，未来能源的发展仍然离不开技术进步。技术革命是我国能源革命的核心和关键。展望未来，储能技术、燃料电池、无线充电等都是值得畅想的技术突破，氢能和核聚变则寄托了人们对"终极能源"的猜想。虽然技术突破的道路上面临诸多挑战，但一旦把握住这样的"尖峰时刻"，人类利用能源的能力将得到前所未有的提升。在这些关键领域，中国不能缺席。

2015 年 11 月 30 日，巴黎气候峰会召开的第一天，美国总统奥巴马在巴黎与比尔·盖茨一起对外宣布，将推出一个投资金额达 100 亿美元的能源研究投资计划，投资者包括 20 位全球商业领袖及一些知名大学等。这个被命名为"突破能源联盟"的计划，目标是在对抗气候变化的同时，发展新的清洁能源技术。该计划关注的核心技术领域包括电力、交通、农业、制造和建筑等，最终的目标是接近"零碳排放"。

科技创新为能源行业的发展提供了动力，也为能源安全、能源产业升级以及应对环境挑战提供了重要保障。页岩油气的开采让美国成为最大的石油和天然气生产国；清洁能源技术的快速发展使得清洁能源的发电成本不断降低，在很多国家，太阳能发电已经成为成本最低的发电方式之一；电动汽车、储能、分布式能源、数字化技术的发展，将进一步提高电能在终端能源消费中的比例；地热、可燃冰等新型能源开采技术的进步将为能源供应提供新的选择。能源技术的进步在重塑世界能源格局的过程中起到了关键作用，目前全球能源正在发生的重要变化都与能源技术的进步密切相关。

14.1 抢占技术制高点

未来全球能源的发展已经从传统能源技术转向绿色能源技术。当前，世界各国正在加大对能源科技创新的投入，抢占能源技术的制高点。预计到 2021 年，世界各国在清洁能源研发领域投入的资金将超过 400 亿美元。

能源技术与装备是我国能源生产和消费革命的支撑，也是抢占科技发展制高点、确保我国能源长远安全的战略保障。近年来，我国能源领域的科技创新能力和技术装备自主化水平显著提升，建设了一批达到国际先进水平的重大能源技术示范工程，初步掌握了页岩气、致密油等资源的勘探开发关键技术与配套装备，智能电网和多种储能技术快速发展，陆上风电、海上风电、光伏发电、光热发电、地热开发等关键技术均取得重大突破。这些成果标志着我国能源科技水平得到了跨越式发展。在某些新兴领域，我国已经迎头赶上，并在不少方面达到世界领先水平，例如在电动汽车数量、光伏发电量和风力发电量方面都早已稳居世界第一。

但关注成绩的同时，我们也要看到我国与世界能源科技强国的差距。以油气行业为例，尽管我国有大量的页岩气储量，但地质条件、技术和成本因素导致我国的页岩气产量与美国相比还有很大差距。而我国的天然气、原油、成品油运输管网长度少于美国、俄罗斯等国家，人均天然气管线长度低于全球人均水平，地下储气库工作气量仅为全国天然气消费量的 3%。在电力方面，我国煤电机组占比过高，2017 年，煤电的发电量仍占到总发电量的 73% 以上，其他如天然气和可再生能源等清洁低碳能源机组装机量占比不足四成。相比之下，2017 年美国的发电结构中，31.7% 为天然气发电，30.1% 为煤电，20.0% 为核电，9.6% 为非水力可再生能源发电。未来我国电力部门发展的重点应落在从煤电向低碳能源发电的转型上。

当前先进能源技术已成为国际技术竞争的前沿和热点领域。低碳技术和低碳发展能力越来越多地体现在国家的核心竞争力之中。我国在推进能源生产和消费革命之际，需要更加重视技术创新的作用，加快发展和推广使用先进能源技术，打造先进能源技术的竞争力和低碳发展优势。

在技术创新上，我国需要实施"追赶"与"跨越"并重的能源技术战略，由目前需求拉动的"跟随"式创新，逐步向需求拉动与技术推动的双重作用机制转变。

14.2　可能的颠覆性技术突破

当前，世界各国在能源领域的竞争已经转向能源技术的竞争，从目前的趋势来看，储能、燃料电池和无线充电技术有可能改变未来的能源格局。

可再生能源的不连续性和低密度的问题一直阻碍着风能和太阳能等可再生能源的规模化发展。储能技术将有助于消除这一重大障碍。电池和其他类型的储能技术有助于我们更高水平地使用清洁、低成本的可再生能源。

燃料电池通过电化学方法让燃料与氧气反应，在不燃烧的情况下将化学能转化为电能，提供持续的清洁电力。通过与其他可再生能源技术的结合，燃料电池可以化解间歇性能源的生产和需求之间的矛盾，在不损害基本负荷的安全和稳定的情况下，将可再生能源纳入其能源体系。

无线充电作为新型的能量传输技术，使充电器摆脱了线路的限制，电器和电源可以分离，在安全性、灵活性等方面优于传统充电器。这一技术的突破将使天才尼古拉·特斯拉曾经的梦想（特斯拉曾经做过无线充电实验的装置——沃登克里弗塔，见图 14-1）成为现实。只要启动供电塔，周围的一切电器设备不需要连接电线便能源源不断地获得电力，这意味着我们将获得可以移动的"自由能源"。

图 14-1　特斯拉曾经做过无线充电实验的装置——沃登克里弗塔

（图片来源：维基百科）

14.3　"终极能源"猜想

如果人类能够获得一种威力无比的"终极能源"，从而一劳永逸地解决能源问题，并从根本上解决使用能源对环境的伤害，那这种能源会是什么？现在越来越多的人认为，这样的终极能源最有可能在氢能和核聚变能两者身上实现。

氢元素（H），在元素周期表中位于第一位，广泛存在于自然界。氢能是一种清洁的二次能源，它具有来源广、燃烧热值高、能量密度大、可储存、可再生、零污染、零碳排放等优点，被誉为 21 世纪控制地球升温、解决能源危机的"终极能源"。

国际氢能领域的科学家于 2006 年 11 月 13 日联名向八国集团领

导人以及联合国相关部门负责人提交了《百年备忘录》，认为氢能是控制地球升温、解决能源危机的最优方案，不仅因为氢能用途广泛，可涉及工业和生活的方方面面，也源于氢能本身具有非常优秀的储能属性。除此之外，如果对能源发展史进行仔细研究，就可以发现从不同时期主要能源的氢碳比例来看，能源的进化历史就是减碳增氢的过程。

从氢能生命周期的角度来看，只要有水，利用太阳能、光能、核能、电能等一次能源或二次能源，就可以制成氢气。氢气的用途非常广泛，可用于发电、发热，或是用作交通燃料，最后它与氧气反应生成水，通过这样一个周期，氢气将地球上的能量源源不断地输送到人类生活的方方面面。只要制氢的能量来源是可再生能源，那么整个氢能的生命周期就将是清洁、环保、可持续的。[①]

氢气作为储存不稳定能量的介质，具有巨量的能量储存容量和较长的放电持续时间，一直被视作储存太阳能、风能等不稳定可再生能源最好的介质。尤其是与超级电容器、电池等常见的储能载体相比，氢气在储存容量和充电时间上的优势更加明显。

基于氢气的这些特点，我们预测氢能将成为未来社会的主要能源。最近几年，随着技术的发展和能源问题的日益突出，各国对氢能日益重视。世界上许多国家都将氢能作为战略性能源来发展。2016年3月，国家发展改革委和国家能源局组织编制的《能源技术革命创新行动计划（2016—2030年）》提出，把可再生能源制氢、氢能与燃料电池技术创新等作为重点任务。在这个背景下，我国氢能产业的商

---

① 参见战略前沿技术公众号 2018 年 8 月 2 日的文章，国际技术经济研究所发布的《未来能源主角：氢能发展历程与产业链梳理》。

业化步伐正不断加快，一些地方政府和能源企业纷纷开始布局氢能项目。一些城市中的人们已经乘上了氢能动力的公共汽车，或者开始采用氢燃料重型卡车来运送货物。另外，2022 年，北京和张家口将联合举办第 24 届冬奥会。北京冬奥会计划将大量采用清洁的氢能源汽车用于通勤和物流。

然而，这仅是万里长征的第一步。与发达国家相比，我国在燃料电池基础研究和技术发展、氢能装备制造等方面仍相对滞后，特别是一些关键技术与国外仍存在差距，产业链较为薄弱。随着政策的大力推动、技术的进步和产业链的完善，看似遥远的氢能将逐渐走进我们的生活。中国氢能联盟预计，到 2050 年，氢能将在我国实现大规模应用，其在能源结构中的占比有望达到 10% 以上。

另一种被寄予厚望的能源形式是可控核聚变。核聚变反应能够释放出巨大的热能，产生超高的温度。虽然它并不能直接产生电流，但它产生的热能可以加热水生成水蒸气，高压水蒸气推动汽轮机旋转，带动发电机进行发电。

原子核中蕴藏着巨大的能量，一种原子核变为另外一种原子核的过程往往伴随着能量的释放。目前，人类已经能够使用核能发电，但这种核能是利用核裂变反应获得的。核裂变的原料来源问题以及产生放射性污染的问题，都很难得到有效解决。核聚变则不一样，它是两个较轻的原子核结合成一个较重的原子核时释放能量的反应形式，太阳发光发热的原理正是核聚变反应。也就是说，太阳犹如一个巨大的核聚变反应装置，几十亿年里一直向外辐射能量。科学家设想，如果发明一种装置能够控制核聚变，并稳定持续输出能量，那就相当于人造了一个"太阳"。

核聚变的主要燃料是氢的同位素——氘和氚，它们可以从全球海水中提取，可以说是取之不尽。另外，核聚变反应不会产生放射性废物。因此，采用核聚变技术的核能几乎能满足人类对于"终极能源"的各种要求。

核聚变反应原理看上去非常简单，但由于聚变能量实在太大，要控制核聚变反应非常困难。氢弹爆炸就是一种核聚变反应，但那是不可控的。想要利用核聚变来发电，需要有效控制核聚变的反应过程，这也是科学家一直努力的目标。

2006 年，中美欧俄日韩印七方共同签约，计划在法国建造国际热核聚变实验堆（International Thermonuclear Experimental Reactor，ITER）。该计划是目前全球规模最大、影响最深远的国际科研合作项目之一，其目标是在和平利用核聚变能的基础上，探索核聚变反应在科学和工程技术中应用的可行性。

在核聚变领域，我国与国际基本同步，甚至在某些方面领先。我国的科研人员在深度参与 ITER 项目的同时，也在打造属于我们自己的聚变工程实验堆。2017 年 7 月 3 日晚，位于安徽合肥的全超导托卡马克核聚变实验装置（Experimental Advanced Superconducting Tokamak，EAST）实现了 101.2 秒稳定长脉冲高约束等离子体运行，这是世界上第一个实现稳定高约束达到百秒量级的托卡马克装置，这一超长稳定约束时间创造了世界纪录。这一里程碑式的突破，表明在稳态运行的基础物理研究和工程方面，我国磁约束核聚变研究走在了国际前沿。如果能实现可控核聚变反应，它将彻底改写人类的能源版图。

在这一前沿技术领域，中国将拥有一席之地。这是我国能源技术的竞争力之一，也是未来能源发展的希望之所在。

本章参考文献 ⸺

[1] 张奇. 新时代中国的能源产业变革——我国能源生产和消费革命的挑战与展望 [J]. 国家治理，2018(33)：2-12.

[2] 连政. 核聚变是终极能源吗 [N]. 人民日报，2017-12-18(18).

全书行文至此，读者或许对新中国成立以来我国能源行业的发展历程、现状概貌以及未来图景有了大致的了解，对"能源革命改变中国"这一命题有了基本的认识。我们也期望在历史与现实的交汇中，寻找到能源行业发展背后的一些规律，进而勾画出能源行业发展的趋势。在这里，我们试着归纳出几个方面的观点，也是对全书内容的提炼和延展。

第一个观点，能源行业的发展将逐步从资源导向过渡到资源＋技术导向。

过去，我国能源行业的发展更多依赖于资源的发现和开采，无论是煤炭还是石油和天然气，均是如此，"资源为王"的观念在人们的头脑中是根深蒂固的。在能源短缺的时代，掌控了资源就代表掌控了一切，上游的资源拥有方基本上处于"皇帝的女儿不愁嫁"的优越地位，能源企业唯一的追求就是多掌握资源、多采掘资源。而在新时代，无论是能源转型的客观趋势，还是能源革命的主动谋变，都将给能源行业带来新的变化。

这一变化直观表现为从能源供应不足转变到能源供应总量过剩，所以需要结构调整和产业升级，从而实现能源行业高质量发展。这也意味着，能源行业的发展将从过去单纯依靠资源驱动和生产要素投入，向依靠技术进步、市场拉动、产业质量提升和效率提高转变，单一的资源导向发展方式将被资源＋技术导向所取代。

这一趋势的出现并不是说资源的重要性降低了，而是单纯依靠资源的时代已经过去了，技术对能源行业的赋能作用将更加突出，对能源产业链的改造和升级也将日益深化。

首先，技术主导型的能源行业将得到更多的发展。无论是纯粹的新技术，还是技术与商业模式的结合，都给能源行业注入了新的活力。从智能电网到能源大数据，从分布式能源到电动汽车，从风能、太阳能等可再生能源到氢能、核聚变能等"未来能源"……这些新事物的背后，无不是新的科学技术在推动，它们也将给能源行业的发展带来新的可能性。

其次，传统资源型行业对技术的要求也将越来越高。在世界范围内，页岩油气技术的突破把美国推上了全球最大油气生产国的宝座，深刻改变了世界能源格局。就我国来说，油气行业采收率的提高，低渗、稠油、高温高压等边际油田的开发，煤炭的高效开采和清洁化利用，电力的远距离高效低耗传输，这些都离不开技术进步。只有技术不断创新，传统化石能源才能不断焕发新的生机。

最后，我国迫切需要依靠技术进步推动经济发展，同时减少对资源的过度依赖。要提高能源效率，减少能源资源的消耗，最终还是要靠技术来解决。当前，无论是工业、城市、建筑，还是交通、日常生活等各个领域，都普遍存在能效不高的情况。一方面，我国的经济还需要持续发展，并因此带来持续的能源需求；另一方面，我们不得不考虑资源和环境的可承载性。解决这一矛盾的关键在于，通过节能技术的升级和推广，降低能源强度。

技术发展永远是日新月异的，对此我们深表期待。科学技术是第一生产力，这在能源领域同样是定论。能源想要得到飞跃式的发展，没有技术进步是万万不能的，但我们也要看到，技术不是万能的，它也有自己的限度。分析一种能源技术是否具有价值、是否能被未来所选择，至少要从以下 3 个方面加以观察。

首先，看技术是否具有可用性。它应该做到"3 个符合"——符合科学原理、符合发展趋势、符合人性需求，而不应该是华丽外衣包装下隐蔽的"永动机"或"水变油"。

其次，成本是竞争力的关键，人类在选择能源时的经济理性是驱动能源发展变迁的本质性因素。这一成本既包括获取能源的成本，也包括它所产生的外部性等因素所带来的综合成本，还包括它与原有能源体系竞争、克服路径依赖所付出的成本。因此成本是一个综合的概念，任何只看一点不及其余的视野都是不全面的。

最后，一种能源技术形式要被广泛接受，还必须具有与之配套的设施和使用场景，这样它才不会只停留在实验室中，而是具有了在现实生活中开花结果的可能。以电动汽车为例，光提高电池的容量和续航里程是远远不够的。如果不考虑一次能源的结构优化问题，不解决电池的消耗和污染处理问题，不具备随处可充的配套设施与随充随走的场景设计，电动汽车就无法进行大规模的市场推广。这些技术以外的问题将永远无法由技术进步自发解决。

第二个观点，我国的能源转型路径是化石能源清洁化与清洁能源规模化。

人类至今已经历了从植物能源（薪柴）向化石能源的转型，目前正经历从化石能源向低碳能源的转型，而化石能源之间又有多次亚转型，即从煤炭到石油、从石油到天然气的转型。伴随能源转型的，是人类在能源利用上从效率低、清洁度低的"高碳能源"向效率高、清洁度高的"低碳能源"演进的过程。这一方面是缘于人类对能效的主动追求，另一方面是由于在工业化蓬勃发展带来的资源消耗和环境污染加剧的现实情况下，人类不得不受到资源环境的约束。

每一次大的能源转型都会经历一个漫长的过程。从历史发展的角度来看，能源转型是不同能源品种之间竞争的结果。一种能源要成为主要能源品种，需要满足几个基本条件：规模化供应，技术成熟，具有经济性，有基础设施配套。在低碳成为潮流的当下，还必须满足一点：具有较少的环境负外部性。人类总会为满足自己的需求而选择最合适的能源，某种能源能被人类选择，是基于其自身优势互相竞争、"适者生存"的结果。

从全球范围来说，能源转型正处于缓慢而深入的推进过程当中，无论是欧美等发达国家，还是我国这样的发展中大国，都在经历这一过程。不仅能源消费国如此，中东地区的一些国家等主要的能源生产国也在谋划和推动转型。从某种意义上说，能源转型与经济转型是相互联系、互为表里的。

我们同时也应看到，每个国家的国情和经济条件不同，能源转型的具体内容和路径也不相同，并没有整齐划一的标准，能源转型也并非一个线性的推进过程，它受制于各个国家的资源禀赋条件、经济和产业结构、能源体制与市场结构、政策规制乃至民众观念，从而呈现出较大的差异性。

我国的能源革命与全球正在经历的能源转型不谋而合。就我国来说，富煤缺油少气的资源禀赋，以重工业为主的产业结构，不平衡的地区发展格局，以及以直接使用一次能源为主的终端用能结构，决定了我国在能源转型的过程当中，短时间内放弃化石能源的想法是不客观也不现实的。把希望完全寄托在目前技术和市场并不完全成熟、规模总量还小的可再生能源上，只会欲速则不达。只有更加务实地审视能源现状和目标，才能找到能源转型的具体路径——化石能源清洁化和清洁能源规模化并举。

当前，我国已经具备了能源转型的条件：国家发布了能源变革的总动员令，把能源的清洁化、低碳化发展作为能源转型的首要目标；人民群众对碧水蓝天有强烈的渴望，生态文明理念日益深入人心；国际上已经有美国和欧盟等大国或组织能源转型的成功经验；应对气候变化所产生的控制二氧化碳排放的问题成为重要推手；非化石能源技术特别是可再生能源技术有了突破，具备了商业化发展的条件。这一切都将加快能源转型的步伐。

但理想的目标需要现实的路径来实现。看似自发的能源转型背后，其实都是人的力量在发挥作用，包括技术的发展、政策的优选和社会公众观念的更新。没有能源革命就没有能源转型，革命既包括技术的革命、产业的革命，也包括观念的革命、思维的革命。印证当下，我国完成能源转型，需要从观念上进行根本性的转变，跳出能源行业来看能源转型。能源是整个社会和经济系统的一个部分，需要从系统效益最佳、整体成本最优的角度考虑能源转型的问题。只有从这个角度，才能更深刻地理解能源转型背后不以人的意志为转移的规律。

就在本书接近定稿的时候，2019 年 5 月 24 日，国家能源局召开大力提升油气勘探开发力度工作推进会，部署 2019—2025 年国内油气增储上产"七年行动方案"。这意味着在国家层面，正式开启了为期七年的油气大会战的征程。国家对国内油气勘探开发的重视，可以说给油气行业吃了一颗"定心丸"，我国油气行业将维持一段时间的高速发展期，大量的投资将带动油气行业及相关产业的发展，并成为使更多企业强化科技创新、加快技术进步的动力，推动我国能源生产和消费革命不断深化，从而为我国经济的高质量发展注入更强劲的动力。

第三个观点，以生态文明为旨归，推动我国从能源大国迈向能源强国与生态强国。

加强环境保护和应对气候变化无疑已经成为全球的最大共识。这一趋势的深刻背景在于，近代工业文明虽然带来生产力的极大飞跃和人们生活水平的提高，但同时它带来的经济和社会快速发展也大大超过了环境承载力。当今世界，越来越多的人意识到，人类社会正面临工业文明的危机与困境，需要一场生态文明的兴起来加以救赎。尊重自然，顺应自然，追求可持续发展，才能从根本上解决环境危机和生态失调问题。

能源发展对经济、社会和环境目标的实现起着重要作用。毫无疑问，未来能源发展的核心应该是可持续发展。这实际上要求能源发展从传统模式转向现代模式，在此过程中，不仅要认识到能源的经济价值，而且要认识到能源的生态价值。因此，克服传统能源发展模式的弊端，向新的能源体系转型成为必然的趋势。《巴黎协定》的签署加速了这一进程，标志着人类在推动能源可持续发展上进入新的阶段。

能源可持续发展的过程中，环境与能源问题并不矛盾。在现代能源生态环境系统中，能源可持续是基础，环境可持续是条件。新的能源生产和利用方式的革命，将使人类与自然界建立一种和谐的伙伴关系。人类不再盲目地向大自然索取资源和排放废弃物，而是重新回归地球生物圈生态系统中的应有位置，使经济社会发展与自然生态环境有机地融为一体。

从这个意义上说，能源已不是一个简单的经济问题，而是一个文明、道德和伦理问题。生态文明是农业文明、工业文明之后更高的文明形态，为人类超越能源困境提供了可能。中国自古就有"赞天地之化育""天人合一"等哲学思想，在可持续能源伦理建构过程中，这些智慧可以作为新的能源伦理的有益思想资源。

新中国成立 70 年来，我国政府对国计民生建设与环境保护的关系有了非常深刻的认识，已经将传统的生态智慧与可持续发展理念很好地结合起来，提出了建设美丽中国新目标，明确了"绿水青山就是金山银山"的绿色发展理念。党的十九大报告响亮地提出"坚持人与自然和谐共生"的观点，将环境保护和建设生态文明提到了前所未有的高度。

今后几十年是我国工业化和城镇化的关键时期，要缓解能源生产与消费的矛盾、能源与环境的矛盾，推进能源生产和消费革命已刻不容缓。当前，我国处于穿越"能源三峡"的重要历史关口，需要走出一条既能满足经济社会发展需要，又能适应生态环保约束的道路，平衡经济发展、能源消费与生态环境三者的关系。

随着经济的快速发展带来的能源需求的增长，我国已经成为能源消费大国，但我们以煤为主的能源结构，以及高污染、高耗能的能源消费模式，折射出的其实是粗放式经济发展模式和落后的工业布局。从能源技术、能源效率、能源治理、能源产业链竞争力等方面来说，我国与世界先进水平还存在不小差距。

如果我国只是能源消费居于高位，但能源技术、能源效率、能源行业竞争力不够，那也称不上能源强国。如果我国能源消费导致环境恶化、空气污染，那更不是生态强国。因此我们亟须经历一场深刻的能源革命，建立更加清洁低碳、安全高效的现代能源体系，推动我国从能源大国向能源强国和生态强国迈进。这不仅是国家竞争力之所在，也是全体国民的福祉之所在。

绿色发展和可持续发展已成为当今世界的时代潮流。我国作为负责任的大国，必将在绿色发展的道路上持续发力，让资源节约、环境友好、低碳经济成为主流的生产生活方式，在推进美丽中国建设的同时，还将为全球生态安全做出新贡献。

新中国成立 70 年来，尽管能源行业取得了辉煌的业绩，但面对"两个一百年"的宏伟目标，面对能源革命提出的任务清单，面对保障国家能源安全和建设美丽中国的使命，面对复杂多变的国内外形势，能源行业和广大能源从业者，再一次感受到了肩负的责任。

当年"铁人"王进喜曾说："这困难，那困难，国家缺油是最大的困难。"虽然时代不同了，但能源人矢志报国的追求没有变。在建设社会主义现代化强国、实现中华民族伟大复兴中国梦的征途上，能承担起为祖国提供安全、清洁、高效能源的使命，是所有能源人的荣耀，更是责任与担当！

能源是国之大事，也是民生大事，能源行业的高质量发展，除了依靠能源从业者的努力，也需要政策制定者、消费者、相关企业和教育界、科技界等各行各业人士给予更多的关注和支持，需要更广大的群体团结起来、更广泛的力量凝聚起来，携手前行。

我们期待，随着能源生产和消费革命的深入推进，能源将深刻改变中国。这种改变也将发生在我们每一个人身边。

　　能够完成这样一个宏大的选题，得益于人民邮电出版社策划的"科技改变中国"这一主题出版项目给予能源行业以关注。顾翀社长和张立科总编辑给了我充分的信任，交给我这样一个重头任务，让我和出版社的合作增加了新的内容。责任编辑韦毅为这本书花费了很多心血，她的细心和敬业，让我们更加感受到出版人的专业素养。邓昱洲博士精心制作的图表，为书稿增色不少。

　　感谢能源行业的从业人员，包括决策者、专家、企业家、媒体人士等，从不同的角度为行业的发展出力。本书以记事为主，但如果说有真正的主角，那就是千千万万的能源人。本书与其说是几位作者写的，不如说是广大能源人通过自己的工作成果和思想成果创造出来的。书中引用了一些观点、素材和照片，都在书中予以说明或以脚注及章末参考文献的方式加以列示，在此向这些内容的创作者致以谢意。

　　感谢邓运华院士为本书作序，他严谨求实的科学精神是广大能源科技工作者的写照。在书稿审读会上，倪光南院士、宁滨院士以及韩建民、武锁宁等专家和涂子沛等丛书的其他作者提出了很好的意见，在此一并致谢。

　　接到写作邀请后，由于时间的关系，也为了避免行文的单调，我邀请林益楷和林火灿承担了部分章节的写作，他们立即答应并全情投入。我们3位作者先后从中国人民大学新闻学院毕业，毕业后从事过或长或短时间的新闻行业的工作，或者至今仍奋战在新闻战线上。我们乐于观察、思考和描述这个时代的变化，因为新闻的光芒一直留在我们的心里。感谢母校老师们的教诲，我们相信，当我们从事这样的写作时，是在用另一种方式践行着"新闻人"的职责。

我们能在能源领域有一些职业积累，并有所获益，都要归功于各自所在单位提供的工作机会，在此表示真诚的感谢。

在繁忙的工作之余从事书稿的写作，个人的牺牲和辛劳不足道，家人的支持和鼓励才最重要。这一份感激，是我们每个人感于心而平时讷于言的，借此机会予以表达。

这本书是为新中国成立 70 周年献礼的中宣部 2019 年主题出版重点出版物之一，能以这样的方式为祖国献上一份小小的礼物，我们倍感荣幸。这片土地上发生的一切，这个国家的前途和命运，是始终萦绕在我们心中的惦念和期待。

最后，我们也感谢您，每一位关心和支持能源行业的尊贵读者。如果读完之后您能有一鳞半爪的收获，我们都会感到高兴。如果您能指出其中的错谬之处，我们更愿意坦诚恭听。

胡春栎

己亥年初夏于北京